I0751767

LA

SCULPTURE

AU SALON DE 1878

PAR

HENRY JOUIN
LAURÉAT DE L'INSTITUT

« Vous m'avez rendu la vie à votre manière, je veux vous immortaliser à la mienne, en faisant votre buste en marbre. »

Antoine COYSEVOX.

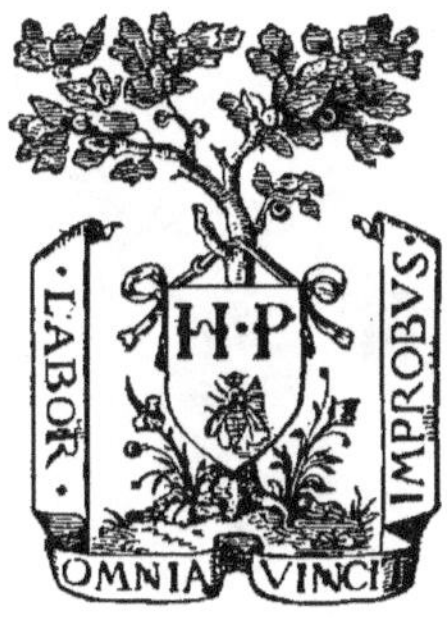

PARIS
E. PLON ET Cie, IMPRIMEURS-ÉDITEURS
RUE GARANCIÈRE, 10

1879

LA

SCULPTURE

AU SALON DE 1878

DU MÊME AUTEUR :

DAVID D'ANGERS, SA VIE, SON OEUVRE, SES ÉCRITS ET SES CONTEMPORAINS. Deux portraits du maître d'après Ingres et Ernest Hébert, de l'Institut, vingt-trois planches hors texte et un fac-simile d'autographe gravés par A. Durand. *Ouvrage couronné par l'Académie française,* 2 vol. gr. in-8° vélin. — Prix, broché : 50 fr.

Il a été tiré quelques exemplaires sur papier de Hollande. — Prix : 200 fr.

LA SCULPTURE EN EUROPE — 1878 — précédée d'une conférence sur le *Génie de l'art plastique,* 1 vol. grand in-8°. — 6 fr.

LA SCULPTURE AU SALON DE 1873, précédée d'une Étude philosophique sur l'*Œuvre sculptée,* grand in-8°. — 2 fr.

LA SCULPTURE AU SALON DE 1874, précédée d'une Étude philosophique sur le *Marbre,* grand in-8°. — 2 fr.

LA SCULPTURE AU SALON DE 1875, précédée d'une Étude philosophique sur le *Procédé,* grand in-8°. — 2 fr.

LA SCULPTURE AU SALON DE 1876, précédée d'une Étude philosophique sur la *Statue,* grand in-8°. — 2 fr.

LA SCULPTURE AU SALON DE 1877, précédée d'une Étude philosophique sur le *Groupe,* grand in-8°. — 2 fr.

HIPPOLYTE FLANDRIN. — LES FRISES DE SAINT-VINCENT DE PAUL. — Conférences populaires, grand in-8°. — 1 fr. 50.

GALERIES DE PEINTURE ET DE SCULPTURE. — MUSÉE DAVID. — COLLECTION TURPIN DE CRISSÉ A ANGERS. — Notice historique et analytique des œuvres exposées. — *Deuxième édition.* 1 vol. in-12 1 fr. 50.

PORTRAITS NATIONAUX. — Notice historique et analytique des peintures, sculptures, tapisseries, miniatures, émaux, dessins, etc., exposés dans les galeries des Portraits nationaux, au palais du Trocadéro en 1878, 1 vol. grand in-8°. — 3 fr. 50.

PARIS. — TYPOGRAPHIE DE E. PLON ET Cie, 8, RUE GARANCIÈRE.

LA

SCULPTURE

AU SALON DE 1878

PAR

HENRY JOUIN

LAURÉAT DE L'INSTITUT

« Vous m'avez rendu la vie à votre manière, je veux vous immortaliser à la mienne, en faisant votre buste en marbre. »

Antoine COYSEVOX.

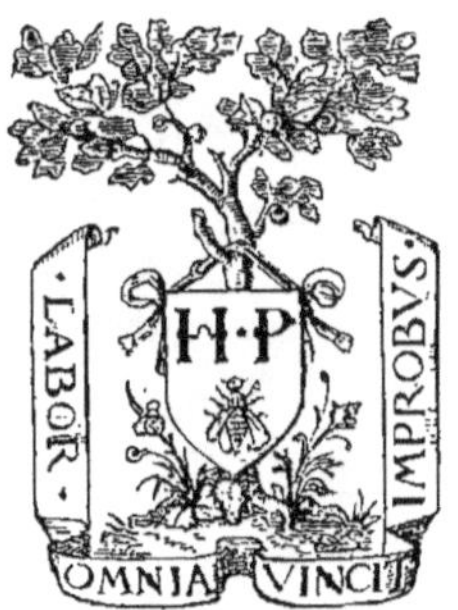

PARIS

E. PLON ET Cie, IMPRIMEURS-ÉDITEURS

10, RUE GARANCIÈRE

1879

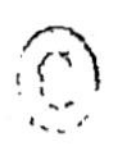

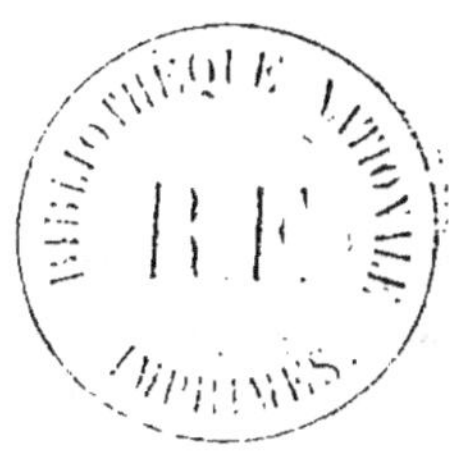

DU BUSTE

I

Coysevox, venant d'échapper à une grave maladie, s'empressa de porter à son médecin les honoraires qu'il lui devait, puis il ajouta : « Vous m'avez rendu la vie à votre manière, je veux vous immortaliser à la mienne, en faisant votre buste en marbre. »

Eh quoi! un buste est-il donc chose si remarquable qu'il puisse conférer l'immortalité? Est-ce que le buste n'est pas simplement une statue diminuée, amoindrie, privée de geste et d'attitude?

Ne le croyez pas.

Le buste est l'œuvre primordiale en sculpture.

Nous avons dit dans notre étude précédente[1] que l'individualité qui se réclame de l'artiste, lorsqu'il cherche un sujet, lui apparaît invariablement unie à d'autres êtres de même nature.

Elle se manifeste à l'état multiple. Elle est groupe.

Mais, que le statuaire mûrisse sa pensée. Qu'il étudie

[1] *La Sculpture au Salon de 1877*, p. 6.

sous quel mode, par quels moyens il devra la traduire, aussitôt la figure historique qui l'occupe change de perspective. Elle a fait un pas, elle se rapproche, elle s'isole.

De groupe, elle devient statue.

Si maintenant le sculpteur prend une plume pour fixer sa vision, c'est la tête de son personnage qui l'occupe. Quelques lignes sommaires lui ont suffi à indiquer l'ensemble, la silhouette générale; mais déjà ce sont les traits du visage, dans ce qu'ils ont de supérieur, que la main de l'artiste s'applique à saisir.

De statue, son sujet devient buste.

II

Le buste est à la base de toute œuvre sculptée.

Les plus grands maîtres ont excellé dans le buste.

Essayez donc de modeler un corps d'homme et de répandre la vie, le mouvement, l'éclat, les divins rayons du génie sur ce verbe d'argile qui est votre pensée, si la tête humaine vous est un obstacle!

Ce qui impose, ce qui séduit avant tout, c'est la tête.

Que me font la stature, la pose, le geste, le vêtement, si la tête, dans sa forme, son ampleur, son attitude et son expression, ne domine tout l'homme?

Où chercher le signe des passions, sinon sur les traits du visage? Où le jeu de l'esprit, les battements du cœur seront-ils saisissables, si ce n'est sur le front, l'œil ou les lèvres?

Notre langue française est moins virile que celle de Tacite. Visage dérive de voir. *Vultus* éveille l'idée de volonté.

C'est qu'en effet le courage n'est pas plus lisible parfois dans l'acte héroïque que dans un pli de la face.

III

Quelle sorte d'initiation peut rendre le statuaire apte à sculpter un buste? Il va de soi que le buste étant l'œuvre essentielle dans l'art plastique, il importe que l'artiste soit armé avant de s'essayer à la tâche la plus haute et la plus rebelle.

Ce que nous avons dit en parlant de l'œuvre sculptée, du marbre, du procédé, de la statue, du groupe, peut ne pas être inutile à l'homme de glorieux labeur qui va modeler un buste [1].

Il y a plus, l'enseignement serait incomplet, la beauté de l'œuvre compromise, si l'artiste n'avait à cœur une extension nouvelle de ses facultés. Des aptitudes qu'il faut développer, affermir et discipliner, se font jour dans l'intelligence du sculpteur.

[1] Voir la *Sculpture au Salon de* 1873, précédée d'une Étude sur l'*Œuvre sculptée;* — la *Sculpture au Salon de* 1874, précédée d'une Étude sur le *Marbre;* — la *Sculpture au Salon de* 1875, précédée d'une Étude sur le *Procédé;* — la *Sculpture au Salon de* 1876, précédée d'une Étude sur la *Statue;* — la *Sculpture au Salon de* 1877, précédée d'une Étude sur le *Groupe.*

Trois hommes doivent exister chez l'artiste qui s'apprête à modeler un buste :

Un philosophe, un savant, un critique.

Au critique, le goût.

Au savant, l'histoire.

Au philosophe, l'étude raisonnée de la face.

Le buste d'un personnage éminent que l'artiste n'aura pas sculpté à cette triple lumière d'une connaissance profonde du visage humain, d'une science exacte du milieu dans lequel a vécu son modèle, d'un goût délicat et sûr, sera fatalement une œuvre imparfaite et mutilée.

IV

L'histoire générale d'un peuple ou d'une époque n'est pas d'une utilité moins immédiate pour le statuaire que la biographie de l'homme dont il souhaite de fixer l'image. Il convient, en effet, que toute figure apparaisse à la place qu'elle a tenue dans l'architecture historique.

Cette première opération de l'esprit peut s'appeler la mise au point du modèle.

V

Scrutez l'œuvre des maîtres. Interrogez-les. Ils vous diront que le buste colossal d'un enfant serait un contresens.

Pourquoi ?

Parce que l'enfant tient trop peu de place dans la vie où il est nouveau venu. Ce n'est pas un hôte. Nulle autorité ne s'attache à son nom, à ses paroles ou à ses pas. Il entre, mais il est encore près du seuil.

VI

Un semblable phénomène interdit au sculpteur de concevoir le buste d'une femme dans des proportions colossales. Cette fois, ce n'est plus l'âge, ce n'est pas non plus l'autorité qui fera nécessairement défaut au modèle. Les années ont ravagé ses tempes ; le caractère s'est révélé chez elle à la hauteur de l'infortune, des deuils, de la proscription, de la souffrance. Cependant l'image colossale serait sans relations avec une âme de cette trempe. C'est que la femme, dans l'humanité, quel que soit son rôle accidentel, ne peut abdiquer. Or, la souveraineté de la femme est dans l'amour, la vertu, l'oubli de soi, la grâce. De pareilles séductions se manifestent sans bruit. Ce sont des forces réservées dont la dynamique a son centre au plus intime de l'âme. De là vient que l'image de la femme, en sculpture, veut être apaisée, sans contrastes, à l'abri de ces expressions violentes de la pierre qui imposent par leurs dimensions.

VII

Certains hommes sont restés des enfants; d'autres n'ont eu qu'une influence modeste; leur activité s'est exercée dans le cercle restreint de la famille, des lettres, de l'art, de la science appliquée. D'autres sont descendus dans l'arène politique, mais ils n'y sont demeurés qu'un seul jour. On cite un acte de courage de celui-ci, un discours, une parole, un cri de celui-là.

Évidemment de tels hommes n'ont pas l'importance de Socrate ou de Napoléon.

Si donc vous vous sentiez porté à sculpter l'image colossale d'un personnage sans valeur historique, il faudrait vous défendre contre cette pensée.

Toute œuvre durable est contrôlée.

Et quel jugement portera l'avenir sur un marbre héroïque, si le bruit de l'histoire autour de votre modèle est à peine perceptible? Vous ne serez plus là pour défendre votre œuvre. On prononcera le mot de partialité. L'image apparaîtra privée d'harmonie; le personnage lui-même recevra quelque atteinte de l'exagération de votre éloge.

L'étude de l'histoire dans ses grandes lignes n'est donc pas un vain travail pour le statuaire.

VIII

Mais les annales d'un peuple se complètent par les

Mémoires intimes. Nous agissons dans la vie privée avant d'entrer dans la vie publique. Et, notre tâche accomplie, c'est le foyer qui nous reprend. Là encore il y a matière à de patientes recherches, à des découvertes inattendues de la part de l'artiste penseur.

Aussi bien, les actes ignorés de la foule s'entrelacent aux grands faits dans le tissu de l'histoire dont nous parlions tout à l'heure. Les mémoires secrets sur un homme demeuré digne dans sa vie ont un attrait sérieux pour l'écrivain : ils peuvent être d'un puissant secours pour l'artiste. On ne gravit pas sans peine les sommets. Il est juste que nous sachions gré à ces témoins de l'existence d'un grand homme qui nous permettent d'approcher jusqu'à lui. L'intimité d'une âme courageuse, supérieure par la pensée, maîtresse d'elle-même, quoi de plus suave et de plus auguste?

Tout autre serait notre opinion s'il s'agissait de ces mémoires suspects, dépourvus de sanction, rédigés dans un but inavouable.

La vérité n'est pas là.

Le statuaire a besoin de hautes pensées, de lumières, de poésie. La fange est sans clartés. Au loin le livre deshonnête !

IX

Est-ce tout? L'écriture à l'état d'histoire, puis à l'état de biographie ou de mémoires intimes, a-t-elle initié l'artiste dans la mesure nécessaire?

Non.

Le sculpteur doit feuilleter encore l'écriture à l'état de poëme ou de critique.

De poëme, si son modèle a tenu la plume. De critique, si l'homme qu'il doit représenter s'est illustré dans un art étranger aux lettres ou à la politique.

Où l'artiste est aisément maître de son sujet, c'est lorsqu'il le surprend dans son œuvre.

Comment se méprendre sur Chateaubriand, Lamartine, Musset, Arago, pour peu qu'on ait lu leurs ouvrages? Aucun pli de l'âme ne résiste à cet examen. Vous scrutez la pensée dans sa force, dans sa douceur, dans son repos, dans ses réticences. Oh! l'insensé qui tenterait de dire avec le ciseau, sans l'avoir lu, ce que fut le poëte de *Jocelyn!* Et quel aspect rayonnant revêt aussitôt cet homme merveilleux, si vous l'accompagnez dans ses courses à tous les rivages, aux âpres glaciers, aux écueils sans nombre de la politique! Qui a lu les œuvres de Lamartine peut dresser sa statue. Elle aura je ne sais quoi d'ondoyant et de léger; mais la grandeur, la loyauté, le génie seront gravés sur quelques points du marbre.

Votre modèle s'appelle-t-il Michel-Ange ou Jenner? Aucun d'eux ne doit être étudié dans ses écrits. Mais les contemporains, les survivants de ces deux hommes ont jugé leurs œuvres. L'écriture à l'état de critique subsiste sur leur compte. Apprenez de la critique la fierté mâle du premier, la tendresse ingénieuse du second.

Telle est la part de l'érudition dans l'étude préliminaire du buste historique. Que s'il s'agit d'un portrait, si l'homme représenté n'a pas pris place au soleil d'une nation, l'artiste n'a point à se préoccuper de toutes ces choses. Qu'il dise vrai au point de vue des traits, qu'il en pénètre le sens, naturellement voilé chez un homme de second ordre, et son œuvre sera bonne.

L'âme de son modèle a vécu repliée.

Ce n'est pas au dehors, dans l'histoire, dans la biographie, dans le poëme ou la critique qu'il faut en chercher le signe. Cet homme n'ayant rien dit, c'est son silence qu'il faut rendre. La tâche ne laisse pas que d'être encore magnifique.

Elle a ses difficultés.

Ici l'érudit cède la place au philosophe.

X

« L'homme est un modèle exposé à la vue des différents artistes; chacun en considère quelques faces, aucun n'en fait le tour. » C'est un mot d'Helvétius.

Nous ne contestons pas que chaque art ait un objet spécial dans l'étude de l'homme. Au peintre, la couleur; au statuaire, la forme, et dans la forme générale cette partie souveraine, le visage.

L'anatomie physique doit être familière au sculpteur; mais, plus encore que celle-ci, l'anatomie physiologique lui est indispensable.

XI

On ne peut traiter de la tête humaine au point de vue

de l'art plastique sans parler tout d'abord du profil grec.

Winckelmann écrit à ce propos :

« Dans les profils des dieux et des déesses, le front et le nez décrivent une ligne presque droite. Les têtes de femmes célèbres que les monnaies grecques nous ont conservées se ressemblent toutes par là ; et il n'est guère probable que dans ces sortes de représentations, on se soit permis de suivre l'idéal. On pourrait donc supposer que cette conformation était tout aussi particulière aux anciens Grecs que les nez camus le sont aux Kalmoucks, et les petits yeux aux Chinois. »

Nous ne partageons pas l'opinion de Winckelmann. Les Grecs furent un peuple d'artistes. Si pur qu'ait été le profil des habitants de l'Ionie, nous ne croyons pas que la nature ait offert de nombreux exemples d'un front se poursuivant en ligne droite jusqu'aux ailes du nez. C'est bien plutôt l'idéal, la recherche du beau qui a dû guider les sculpteurs dans le choix de cette conformation. Elle a son caractère. Elle découle d'une pensée juste.

Le front est la partie du visage la plus noble et la plus développée dans sa brillante unité.

Le front resplendit.

La pensée, les pulsations du cœur se lisent sur le front. La bouche, dont nous aurons à parler tout à l'heure, est un organe moins désintéressé, moins digne dans ses fonctions multiples. Car, encore que la bouche formule la pensée, elle sert aussi à l'entretien de la vie physique. De là son infériorité. Elle est, dans une certaine mesure, en antagonisme avec le front.

Qui des deux triomphera ?

Le front, si l'on adopte le profil grec.

En effet, Winckelmann a bien dit : « Dans ce genre de profils, le front et le nez décrivent une ligne presque droite. » Le profil grec, c'est le front continué.

Y a-t-il donc avantage pour la tête humaine à cette extension de la partie supérieure? Au point de vue physiologique, cela ne fait pas doute. Il est évident que le signe de la pensée ne sera jamais trop éclatant sur un visage d'homme. Or, nous avons dit que le front est le siége visible de l'esprit à la surface du corps.

Mais le Créateur a disposé toutes choses avec ordre. Si donc l'une des parties est exagérée par l'artiste, ce ne peut être qu'au détriment de l'organe le plus proche dont le caractère sera déprimé, la valeur amoindrie, la forme elle-même modifiée.

Tel est, il est vrai, le spectacle que nous réserve l'art plastique dans son interprétation voulue de la tête humaine; cependant, le profil grec n'a pas été condamné. Notre goût se déclare satisfait par ce mensonge esthétique. L'aspect de la face ainsi corrigée nous séduit. Cherchons la cause de ce phénomène.

Cette cause est double. Tout d'abord la ligne ininterrompue du front et du nez donne au profil cette beauté calme qui sied aux êtres privilégiés.

N'oublions pas que nous parlons sculpture, et c'est émettre un principe élémentaire que de rappeler la valeur des lignes dans l'œuvre plastique.

Chacun sait qu'une silhouette délicate, simple, soutenue, est la marque d'un talent élevé chez l'artiste. L'image tangible reçoit de ces fins contours sa parure décisive et souveraine.

En second lieu, le profil grec a ceci de spécial qu'il permet au front de prévaloir sans nuire à aucun organe. Il ne porte atteinte ni à la paupière, ni aux lèvres. A la vérité il marque un rapprochement, une alliance étroite entre le front et le nez; mais celui-ci, organe purement physique, gagne à cette fusion qui le rattache au siége de l'idée, à la partie intellectuelle du visage. Il est vraiment ennobli par la fiction du profil grec. N'est-ce pas ce que constate Hegel quand il dit que le nez apparaît dans le profil grec précisément plus approprié au front, et qu'il obtient de la sorte une expression et un caractère spirituels [1]?

C'est un point résolu; la tête humaine, telle que l'ont comprise Phidias et Praxitèle, se rapproche de l'idéal.

XII

Parlerons-nous maintenant du symbolisme du front, observé comme partie distincte du visage?

Sa forme doit porter l'indice des facultés de l'esprit. Sur son enveloppe mobile sont gravées les passions. Et qu'est-ce que la passion, sinon le mouvement visible de l'intelligence ou du cœur? Le front permet donc de dire ce que vaut un homme par ses aptitudes et l'usage qu'il en peut faire.

Un front peut être perpendiculaire, arrondi, fuyant ou avancé. La nature est prodigue dans l'infinie variété de

[1] *Esthétique*, trad. franc. par Ch. Besnard, Paris, Germer Baillière, 2 vol. in-8, t. I, p. 423.

ses contours. Toutefois, l'artiste peut surprendre la nature dans son œuvre et lui ravir ses secrets.

Un front qu'elle se plaît à façonner quand elle veut imprimer la marque de ses préférences, offre ordinairement deux arcs dans son profil, et l'arc inférieur prédomine.

Ainsi des bustes de Démosthènes et d'Agrippa au Musée du Louvre.

Une certaine cavité, presque insensible, existe au point de rencontre de ces deux arcs. Elle est à la fois verticale et horizontale. Mais d'autres sillons perpendiculaires, fortement accentués, divisent l'os frontal au niveau des sourcils chez l'homme d'une volonté supérieure. Le front du penseur repose sur deux voûtes saillantes formées par l'os de l'œil. Le signe de la pénétration est écrit sur les marges du front légèrement arrondies vers les tempes. C'est à la base du front qu'est la ligne fondamentale, dans laquelle se résume la capacité du modèle.

Après la boîte osseuse, les rides. Elles affectent une double direction. Perpendiculaires, elles parlent d'application, de douleur, de recherche, d'énergie. Horizontales, elles disent l'absence de volonté ou la paresse.

Ouvrez l'histoire; contemplez les marbres antiques. Les rides de Galba [1] ne trahissent-elles pas l'homme hésitant et vulgaire? Quelle vigueur et quelle fermeté dans les rides d'Hercule [2]! L'os frontal de Démosthènes [3], les tempes de Démétrius Poliorcète [4], l'os de l'œil chez

[1] Musée du Louvre.
[2] Musée du Louvre.
[3] Musée du Louvre.
[4] Musée du Louvre.

Euripide [1], l'incision vigoureuse qui sépare les sourcils d'Homère [2], sont autant de preuves modelées de la vérité de nos paroles.

Qu'on ne vienne donc pas alléguer qu'un buste est la reproduction plastique d'une tête humaine dont le sens physiologique a pu échapper complétement à l'artiste.

Cela n'est pas.

Limité dans notre discours, nous esquissons sommairement les points de repère, les divisions nécessaires et invariables d'une esthétique raisonnée. Mais le sculpteur qui aura parcouru ces pages ne sera pas dispensé de rechercher avec soin, sur le front du modèle, la disposition des lignes qui se confondent, le rapport des courbes et des droites, l'harmonie des plans. Toutes ces choses ne s'écrivent pas, seul un œil exercé les discerne dans l'œuvre de la nature.

XIII

Et l'œil, que nous venons de nommer, comment l'analyser ?

Organe double, il est, comme le front, à la fois solide et mobile, mais sa mobilité reste indépendante de sa forme. Le globe de l'œil, à quelque âge qu'on l'observe, est sans rides et sans dépressions. Un seul point intéresse donc le sculpteur dans l'interprétation de l'œil : la structure de l'organe.

[1] Musée du Louvre.
[2] Musée du Louvre.

Transparent et profond, l'œil est en perpétuelles relations avec l'âme.

Il est le sens de l'esprit.

Au statuaire de faire preuve de génie. Il importe qu'un organe subtil entre tous, auquel la couleur donne tant de puissance ou de charme, prenne vie dans une pierre immobile et monochrome.

Car l'œil de votre statue, de votre buste, doit penser librement si vous ne voulez pas que les traits soient paralysés, refroidis par le voisinage d'un organe éteint.

Certes, si votre marbre palpite, s'il vit, s'il commande, s'il implore, je vous proclamerai sans peine un habile homme, car vous ne pouviez user dans le travail de l'œil que d'une forme sans étendue. Vous n'aviez à vous que le squelette; le contour seul vous appartenait, et c'est ce contour que votre ébauchoir a su faire intelligent, passionné.

Il est vrai, vous aviez étudié la valeur des lignes de cette partie du visage. Vous n'avez pas omis de vous souvenir que le rebord de la paupière supérieure, s'il décrit un plein cintre, est un indice de délicatesse et d'élévation. L'œil de Julia Mammea [1] en porte témoignage. Le symbolisme de deux paupières fortement échancrées vous était connu. Vous aviez appris, en face de Marc-Aurèle [2], à reconnaître dans ce signe la marque d'un esprit vigoureux et châtié.

Les sourcils abondants et soyeux disent aussi la noblesse et la vivacit de la pensée. Un esprit judicieux se décèle dans l'angle de l'œil vers le nez, si cet angle est

[1] Musée du Louvre.
[2] Musée du Louvre.

aigu. La pose des paupières, la direction de la prunelle, permettent également de varier la valeur de l'œil. Les Grecs ont posé les règles. Winckelmann a commenté leurs œuvres, et notre lecteur sait aussi bien que nous, pour l'avoir appris de Winckelmann, que l'œil de Jupiter et de Junon se distingue au premier aspect de l'œil de Pallas et de Vénus.

XIV

Le nez, depuis sa racine jusqu'aux ailes, relève d'une esthétique positive, familière à l'artiste philosophe.

Lavater l'a bien défini « la retombée du front ».

Il est égal au front en longueur.

Son épine présente une légère cavité près de la racine, un renflement peu sensible dans sa partie médiane.

Une voûte flexible et soutenue descend jusqu'aux narines, que la passion dilate, resserre, élève ou abaisse, avec des nuances presque sans nombre.

XV

La face n'est pas tout. Le profil a son importance. Observez une tête de profil : l'oreille dominera.

La simplicité, la finesse, les hautes conceptions, la mélancolie ou l'amour, se laissent lire dans les linéaments de cet organe. La saillie de l'oreille, ses enfoncements, sa forme varient avec l'âge ou les facultés du modèle.

XVI

C'est à l'œil que nous avons accordé la prééminence dans la tête. Le Brun voulait qu'elle appartînt aux lèvres.

« La bouche, écrit-il, est la partie qui, de tout le visage, marque le plus éloquemment les mouvements du cœur. »

Nous estimons que la bouche est, par sa structure, le critérium involontaire de l'âme, tandis que l'œil exprime, avec l'assentiment de l'esprit, l'agitation intérieure.

L'œil est en action, les lèvres sont passives.

L'homme veille sur son regard ; il ne prend pas garde à sa bouche.

C'est donc par l'examen des lèvres, par l'étude de la ligne serpentée que produit leur jonction, qu'un artiste peut découvrir le caractère du modèle. Réciproquement, s'il est chargé de sculpter un buste, il veillera sur le contour des lèvres.

Sont-elles fortes? elles indiquent la franchise; épaisses, elles disent la sensualité; serrées, le sang-froid et l'adresse; fermées sans contention, le courage, le jugement, la volonté.

XVII

Le menton peut être rond, anguleux ou délié. Dans le premier cas, il est un indice de bienveillance; dans le second, il est le gage ordinaire d'un sens juste et ferme. Délié, il témoigne de la promptitude de l'esprit, quelquefois de la ruse.

Le menton de la femme se retire et laisse dominer les lèvres. Si la nature y a creusé le pli d'une fossette, croyez le plus souvent à la droiture du cœur.

XVIII

Mais les parties du visage sont disposées sur un fond. Le fond de la face humaine, ce sont les joues. Elles offrent au sculpteur maintes ressources. Leur développement lui permet de se mouvoir à l'aise dans l'expression des sentiments qu'il va traduire. Leur flexibilité l'autorise à creuser les rides de la douleur, à esquisser le rire, à dessiner d'un doigt délicat les lignes ondulées et sans profondeur qui indiquent le tact, l'originalité de la pensée.

XIX

La tête pose sur une colonne naturelle : le cou. Cette

partie du corps est d'une éloquence réelle en sculpture. Symbole de force ou de faiblesse, d'innocence ou de volupté, le cou veut être étudié dans sa forme, dans sa surface, dans ses proportions, dans son attitude familière.

XX

Nous n'avons rien dit de la chevelure. Des cheveux lisses ou frisés, longs ou courts, ajoutent à l'image modelée une empreinte, une signification dernière d'autant plus décisive qu'elle frappe davantage. David d'Angers peut être pris pour exemple lorsqu'il s'agit de l'arrangement des cheveux. Cinq cents médailles sont sorties de ses mains. Sur toutes, l'artiste a su varier la coiffure. Et le seul aspect des cheveux, traités par ce grand artiste, permet de reconnaître les qualités maîtresses de ses personnages.

XXI

Quel profit retireront les statuaires de ces pages trop rapides?

Le buste, pour être étudié dans sa richesse et son infinie variété, réclamerait un volume.

Bien plus, il est tel axiome formulé par nous, que plusieurs refuseront d'admettre. N'avons-nous pas dit que le front correspond au tiers de la face, que le nez égale le front en longueur, d'où il résulte que la distance des narines à l'extrémité du menton doit être égale, dans une tête bien conformée, à la longueur du nez ou du front?

Les sceptiques vont sourire.

— Et le modèle, s'écrieront-ils, qu'en faites-vous? Si le modèle a le front trapu, s'il a le nez démesuré, les lèvres et le menton ramassés, à quoi peuvent servir ces principes, ces règles de convention?

— Ils servent, ne vous en déplaise, à ressaisir la beauté plastique, à interpréter la nature, à épurer la forme d'après les lois posées par le génie, à ennoblir le visage humain en modifiant les proportions individuelles et sans grâce avec liberté, de telle sorte que l'on remonte de la personne au type, du portrait iconique à l'image idéalisée.

D'où la nécessité pour l'artiste de posséder une faculté dernière qui est le goût.

XXII

Au savant qui s'est rendu maître d'une époque, au philosophe capable de pénétrer le sens de la forme, doit succéder le critique, c'est-à-dire l'homme de la mesure, de l'harmonie, de l'exquise convenance, l'homme des choix heureux.

« Le goût, a dit un penseur, est le bon sens du génie. Ce toucher sûr, par qui la lyre ne rend que le son qu'elle doit rendre, est encore plus rare que la faculté qui crée[1]. »

Telle est l'aptitude supérieure que doit conquérir le statuaire s'il veut imprégner ses œuvres de majesté, de grâce, de tendresse, de suprême séduction.

Choisir! quelle joie pour l'esprit; quel élan virginal et spontané cet acte suppose de la part d'un maître! Combien ce qu'il aura préféré sera grand, juste, élevé, radieux!

XXIII

Toutefois, ne l'oubliez pas, une loi s'impose.

La faculté de choisir, ce tact de l'intelligence que nous appelons le goût, a besoin d'être tenu sans cesse en éveil.

Le goût dans ses manifestations extérieures est en rapport direct avec les joies intimes. Si donc vous ambitionnez de vêtir votre marbre de clartés, de pudeur, de génie, d'héroïsme, songez d'abord à maintenir votre esprit dans cette atmosphère.

Que chaque pulsation de votre intelligence ou de votre cœur ait pour terme un amour idéal.

Aimez toute noblesse et toute poésie.

Amassez à toute heure une parole éloquente, un vers cornélien, l'acte de probité, le site charmant ou grandiose, un profil, un regard, une ligne de beauté. Vivez de toutes ces choses par la pensée, et ce seront pour vous des trésors accumulés.

[1] CHATEAUBRIAND, *Essai sur la littérature anglaise*. Œuvres complètes, Paris, Garnier frères, 12 vol. in 8°, tome IX, p. 600 et 601.

XXIV

Ainsi ont agi les maîtres, et l'on cite sur le compte de plusieurs des traits singuliers dont on blâmerait l'audace s'il ne fallait y lire l'impérieuse sollicitation du goût.

Jean de Douai s'occupait de sa composition, l'*Enlèvement des Sabines*. « Un jour il remarqua dans une église un particulier, appelé le grand Italien à cause de sa taille, haute de quatre brasses. Lionardo (c'était le nom de cet homme), s'apercevant que l'artiste le regardait attentivement, lui demanda s'il pouvait lui être bon à quelque chose. — « Oui, seigneur, répondit Jean de Douai ; je suis « sculpteur du grand-duc et chargé d'un groupe composé « de très-grandes figures ; je souhaiterais que vous me per- « missiez de faire quelques études d'après les proportions « de votre corps : leurs beautés m'ont frappé. » Il obtint sans peine cette permission, et d'après Lionardo a été sculptée la figure du Romain qui enlève la jeune Sabine, et dont l'attitude et les proportions sont si belles [1]. »

Blâmerez-vous cette postrophe d'un grand artiste adressée à un inconnu ?

Elle est, nous en convenons, peu conforme aux usages. Mais, croyez-le bien, Jean de Douai n'en était plus à son premier essai. Maintes fois il avait tenu le même langage aux marbres antiques, aux fresques de Raphaël, au *Moïse*

[1] *Vie des fameux sculpteurs depuis la renaissance des arts*, par M. DEZALLIER D'ARGENVILLE, Paris, 1787, 2 vol in-8°, tome II, p. 125 et 126.

de Michel-Ange, aux héros d'Homère, aux grands hommes de Tacite, aux damnés de Dante.

Les statuaires de ce temps craindraient-ils d'imiter leur aïeul Jean de Douai?

LA SCULPTURE

AU SALON DE 1878

I

L'Exposition universelle a nui certainement à l'éclat du Salon de sculpture en 1878. Mais pouvons-nous dire que les exposants n'ont pas fait preuve de science, de travail et de goût? Loin de là. Nos statuaires tiennent le premier rang en Europe, et lors même qu'un double concours s'ouvre pour eux, à la même heure, ils peuvent répondre à l'attente du public.

Ce que les visiteurs du Salon sont en droit de regretter, c'est que les lauréats de la médaille d'honneur en ces derniers temps, MM. Paul Dubois, Mercié, Chapu, soient à peine représentés au palais des Champs-Élysées; en revanche, de jeunes sculpteurs, dont le nom n'était pas connu, s'emparent, pour ainsi parler, de haute lutte, des premières récompenses. Car il est digne de remarque que ce soient précisément des statuaires qui aient remporté cette année les deux médailles d'honneur et le prix du Salon.

II

M. Peinte : *Sarpédon.* — M. Emile Voyez : *Jeune Berger jouant avec un bouc.* — M. Gaudez : l'*Enfance de Jupiter.* — M. Sanzel : l'*Invasion,* — M. Maximilien Bourgeois : la *Cigale.* — M. Peduzzi : *Enfant au cygne.* — M. Frédéric Michel : *Prométhée apportant le feu.* — M. Mabille : *Un Amour.* — M. Bergouzoli : *Amour des Anges.* — M. Captier : le *Dernier Refuge.* — M. Félix Martin : *Un Jeune Troyen.* — M. de Gravillon : le *Chercheur d'or; deux Figures décoratives.* — Madame Nicolet : la *Consolation.* — M. Michel-Pascal : *Un Chartreux.* — M. Joseph Fabisch : *Salomon et la Sagesse.* — M. Turcan : *Ganymède.* — M. Dumilâtre : *Crocé-Spinelli et Théodore Sivel.*

M. Peinte, dont la statue de *Sarpédon* fut honorée en 1877 du prix du Salon, envoie la répétition en bronze de son ouvrage. Le plâtre avait plus de souplesse. L'artiste ayant modelé très-sobrement le jeune roi de Lycie, le bronze accentue encore le parti pris du statuaire, et la figure n'est pas exempte de quelque sécheresse. C'est en marbre qu'il eût fallu traduire ce travail, en corrigeant la pose disgracieuse de la main. La jambe sur laquelle s'appuie le personnage demande aussi quelques retouches : elle est légèrement cagneuse. Le *Jeune Berger jouant avec un bouc,* par M. Émile Voyez, renferme de sérieuses qualités : le corps est jeune, les jambes sont habilement traitées.

Un groupe offre à l'artiste qui l'exécute des éléments de plus d'un genre pour exprimer clairement sa pensée.

Il s'établit entre les figures groupées comme un dialogue que le spectateur doit saisir sans fatigue. D'où vient donc que M. Gaudez n'a pas su rendre plus intelligible sa composition de l'*Enfance de Jupiter?* C'est apparemment que le soin de l'exécution l'a préocupé au détriment de la pensée mère de son œuvre. Une jeune femme élevant dans les airs un enfant, tandis qu'une biche fait effort pour l'atteindre, telle est la donnée plastique du groupe de M. Gaudez. Il y manque quelque chose pour que l'idée se dégage clairement. On en peut dire autant du groupe de M. Sanzel, l'*Invasion*. Est-ce seulement à l'approche de l'ennemi qu'une mère rassemble ses enfants et s'apprête à fuir? Tout péril, quel qu'il soit, provoquera le même acte, les mêmes attitudes; fermez le livret, et l'ouvrage dont nous parlons n'est plus qu'un symbole général de l'amour maternel surrexcité par la crainte. Il nous paraît utile d'insister sur le tort que se font à eux-mêmes certains artistes par le choix de titres pompeux, sans relation suffisante avec l'œuvre qu'ils doivent définir.

La *Cigale*, de M. Maximilien Bourgeois, est une jeune Muse d'un gracieux effet. Mistral voudrait la chanter, comme il a célébré dans les *Iles d'or* la « félibresse » à laquelle sont dédiées les stances bien connues : « Vierge, tu as bien fait de mourir jeune... » Nous pourrions souhaiter que les voiles flottants autour des épaules eussent moins d'importance : la figure se trouverait allégée dans la partie supérieure et perdrait ainsi ce qu'elle peut avoir de trop pittoresque. Le nu de cette statue pourrait être traité avec plus de goût. De légers changements permettront à M. Bourgeois de faire de sa *Cigale* une figure non moins élégante qu'originale.

M. Peduzzi expose un *Enfant au cygne* qui est une réminiscence évidente d'un antique. *Prométhée apportant le feu*, par M. Frédéric Michel, n'est pas non plus sans parenté avec le *Génie des arts* de M. Mercié, que tout le monde peut voir sur les guichets du Louvre. Pourquoi faut-il que nous ayons aperçu un *Amour* de M. Mabille? Debout, un carquois sur l'épaule, il s'apprête à saisir une flèche, et son bras relevé nous a rappelé le geste, l'attitude et l'action de la *Diane à la biche.* Dirigeons-nous vers l'œuvre de M. Captier, sans lever les yeux sur le groupe, du reste irréprochable à plus d'un point de vue, que M. Bergouzoli intitule : *Amour des Anges*. Là encore l'influence d'autrui est sensible : on nomme l'*Amour et Psyché* de Canova devant ce marbre.

Le *Dernier Refuge* est le titre d'un groupe colossal exécuté par M. Captier. C'est une scène du déluge que l'artiste a voulu traiter. Un homme s'est assis au plus haut d'une roche escarpée; sa femme est à sa droite, abattue par l'effroi, les deux mains sur le genou de son mari. A gauche du personnage principal, au second plan, une toute jeune fille, debout, s'appuie sur l'épaule de son père. Devant elle, son frère, à genoux, vu de dos, et la tête de profil, regarde dans le vide avec une expression de terreur. L'idée est une, simple, élevée. M. Captier l'a rendue avec énergie. Nous ne trouvons à reprendre que dans les proportions exagérées de la mère. Nous voudrions plus de jeunesse dans l'ensemble de cette figure, et l'œuvre vigoureuse du statuaire nous paraîtrait à peu près sans lacunes. Le caractère empreint sur les traits des personnages concourt puissamment à l'effet. Le père, calme et réfléchi, la mère atterrée, les enfants affolés exprimeut le désespoir et l'épouvante dans une gradation raisonnée. Si maintenant nous observons la composition de ce groupe, nous devons louer l'harmonie des contours, l'équilibre des plans, les lignes heureuses, les contrastes savamment cadencés. Traduit en bronze, ce travail aurait sa place en plein air, et lorsque l'épiderme de ces naufragés aurait été lustré par la pluie, l'illusion serait complète. Le *Dernier Refuge* de M. Captier éveille la pensée de quelque châtiment démesuré frappant une race de géants.

C'est l'*Iliade* qui attire cette année M. Félix Martin. Le plus jeune des fils de Priam que le poëte montre rampant sur le sol afin de surprendre les Grecs lorsqu'ils s'élanceront de leurs vaisseaux, est représenté, par le statuaire, demi-couché, attentif, à la façon du tigre qui guette sa proie. L'œuvre est bonne. Le jeune homme aux formes délicates et distinguées n'est point en désaccord avec la donnée épique. L'œil reconnaît sans peine un de « ces guerriers aux belles cnémides, dont le corps était frotté d'huile » selon l'expression d'Homère; mais l'idée que le sculpteur a voulu rendre est complexe : elle n'est pas saisie dès le premier instant, elle réclame un commentaire.

Très-différent est le *Chercheur d'or*, de M. de Gravillon. La pose offre pourtant quelque analogie avec celle du *Jeune Troyen*, de M. Martin. Les deux genoux sur un talus, le bras gauche supportant le corps dans sa posture horizontale, un Australien tient dans la paume de sa main droite quelques cailloux mélangés d'or. Le contentement se lit sur ses traits; le regard vif, contenu, semble narguer le passant. M. de Gravillon doit être félicité pour le choix de son sujet et la manière sculpturale dont il l'a compris. L'idée n'avait rien d'héroïque; on pouvait craindre, en l'abordant, de se sentir retenu dans une sphère sans élévation, et le *Chercheur d'or* est au contraire une œuvre de style. Nous serons plus sévère pour les *Figures décoratives* que le même artiste a disposées aux deux angles d'une cheminée. N'est-ce pas le sculpteur Perraud qui s'avisa d'écrire : « Indépendamment des sensations que les œuvres de la sculpture peuvent produire sur de puissantes et riches intelligences, capables de les apprécier, le goût se propage, grâce à elles, d'une chose à une autre, dans l'industrie; jusqu'au verre où vous buvez, à une tasse à café, à une paire de ciseaux. » Soit; nous ne discuterons pas la justesse de cette opinion, mais Perraud n'a pas dit que le même artiste dût passer tour à tour du beau à l'utile, du grand art à l'industrie. Ayant tracé les lignes qu'on vient de lire, il signait le *Faune*, le *Désespoir*, les *Adieux*. Nous attendons de M. de Gravillon un pendant à son *Chercheur d'or*.

Nous signalerons en passant le groupe en marbre que madame Nicolet intitule *la Consolation*. Il représente une scène enfantine finement rendue. Dans des proportions également réduites, M. Michel-Pascal expose un *Chartreux* occupé à greffer un arbre. Nous trouvons que cette statuette est bien proche de la sculpture de genre. M. Michel-Pascal avait été mieux inspiré lorsqu'il fit son *Moine lisant*, que tout le monde connaît. Un groupe de M. Joseph Fabisch, *Salomon et la Sagesse*, manque de naturel dans la composition : les personnages, disposés de profil, semblent détachés d'un bas-relief, mais les draperies sont interprétées avec mesure; l'aspect de ce groupe est reposé, silencieux, digne. Le *Ganymède*, de M. Turcan, méritait sans doute la seconde médaille qui vient de lui être décernée. Si l'on examine l'exécution de cette figure, l'anatomie a préoccupé l'artiste; les dessous de chairs, suffisamment enveloppés, demeurent cependant visibles sur la poitrine, de même que sur les membres vigoureux et souples de l'échanson de Jupiter. Mais nous nous demandons pourquoi M. Turcan a si incommodément campé Ganymède sur son aigle.

Le tombeau de *Crocé-Spinelli* et de *Théodore Sivel*, par M. Dumilâtre, aura la même popularité que celui de Godefroy Cavaignac, par Rude. Est-ce à dire que l'œuvre de M. Dumilâtre ne soit pas personnelle? S'est-il inspiré, dans la pose de ses personnages ou dans l'arrangement des draperies, du célèbre monument de Rude? Non. Et cependant Rude et M. Dumilâtre ont cédé à la même préoccupation, aux mêmes tendances. L'un et l'autre ont voulu honorer la mémoire de personnages contemporains par un travail moderne. Ici, rien de convenu, rien de banal. Il faut qu'au premier aspect l'esprit se sente ému; le désordre de la draperie éveillera l'idée d'une catastrophe. Crocé-Spinelli et Sivel ne sont pas couchés sur un monument, aucune main ne les a déposés dans le sépulcre : ils sont à terre, gisants, précipités des hauteurs du ciel comme les Titans de la Fable. Ces deux hommes étendus côte à côte, ainsi que des frères d'armes, ont je ne sais quoi de violent dans la pose, qui est à l'éloge de l'artiste penseur; mais était-il nécessaire de les couvrir de draperies abondantes aux plis cassés et sans nombre? M. Dumilâtre est réaliste dans cette partie de son travail, et nous le regrettons. Rude montrait plus de retenue, et déjà la recherche de l'expression pittoresque le séduisait malgré lui. Si terrible qu'ait été la catastrophe du *Zénith*, elle pouvait être rappelée avec plus de concision. Que M. Dumilâtre simplifie les plans de sa composition avant de livrer le plâtre au fondeur, et il aura fait une œuvre remarquable.

III

M. Aldebert : la *Vocation*. — M. Amy : *M. Thiers couronné par la Renommée et par l'Histoire*. — M. Ramus : *M. Thiers*. — M. Falguière : *Corneille*. — M. Guillaume : *Rameau*. — M. Hiolle : le *Général Foy*. — M. Auvray : l'*Abbé de l'Épée*. — M. Bartholdi : *Gribeauval*. — M. Louis Lefèvre : *Marguerite à l'église*; la *Pensée*. — M. Barrias : les *Premières Funérailles*. — M. Delaplanche : la *Musique*; la *Vierge au lis*.

Signalons comme une espérance, la *Vocation*, par M. Aldebert. Nous n'en pouvons dire autant du monument de *M. Thiers couronné par la Renommée et par l'Histoire*. M. Amy, l'auteur de ce travail, a représenté les génies de l'Histoire et de la Renommée à mi-corps, sortant d'une gaîne, tandis que le buste de l'ancien président de la République, posé sur un socle insuffisamment élevé, occupe le centre de la composition. Ce monument reste énigmatique, et, par ses détails, il relève plutôt de l'architecte que du statuaire.

M. Ramus a mieux compris le même sujet. *M. Thiers* est représenté debout tenant à la main gauche les feuilles d'un discours, et de l'autre faisant un geste plein de naturel et de franchise. Le calme, la correction sont écrits dans les plis du costume, qui cependant manque quelque peu de caractère; il est vrai que l'artiste a courageusement abordé le pantalon, la redingote et le pardessus. La tête est nue. Le front bien développé, les tempes fermes, les cheveux rares, le nez légèrement aquilin, les lèvres fines, éveillent l'idée de résolution, d'intelligence, d'activité. Et de même que M. Ramus prenait soin de rajeunir M. Thiers, il a rappelé avec dignité les aptitudes qui distinguaient l'homme d'État. On chercherait vainement dans cette figure quelque signe accusateur de l'agitation fébrile si souvent relevée en ces dernières années chez le politique. C'est ainsi que le statuaire a sagement idéalisé son modèle. Jusqu'ici, nous ne trouvons trop à reprendre. Mais on dirait que M. Ramus s'est défié de son propre travail. Après avoir sobrement modelé la statue d'un contemporain, il a surchargé son œuvre d'inscriptions de toute nature! C'est un grave défaut. L'ébauchoir doit se passer de la plume. Ce qu'il trace dans les plis de la glaise est d'une écriture autrement élevée que les signes conventionnels et microscopiques gravés sur un cartouche. Il n'était pas non plus nécessaire de sculpter l'*Éloquence*, l'*Histoire* et le *Génie universel* sur le piédestal du monument. La statue suffisait : elle a son mérite. Les bas-reliefs qui l'accompagnent ne la complètent pas, ils la déparent. Le *Génie universel*, par exemple, n'avait pas sa raison d'être. La flatterie excède ici toute limite, et M. Ramus, concitoyen de M. Thiers, sera le seul peut-être à ne pas sentir l'exagération de l'hommage qu'il a voulu rendre. Nous ne contestons pas la variété des talents de l'ancien chef du pouvoir; mais, bien qu'il fût le neveu d'André Chénier, il n'a point, que nous sachions, laissé d'iambes ni de poëme épique.

La tête du *Corneille*, de M. Falguière, observée à distance, n'est pas dépourvue de caractère. Nous saluons volontiers devant ce marbre le poëte de trente-trois ans qui mit au jour, dans l'espace d'une année, trois œuvres impérissables, *Horace, Cinna, Polyeucte.* Peu d'artistes ont représenté Pierre Corneille à cet âge heureux où tout lui souriait, où il était le maître absolu d'un art qu'il avait créé. Nous remercions M. Falguière de l'ingénieuse pensée qui l'a conduit à se rapprocher de la vérité sans s'écarter de l'idéal. Mais les qualités que nous aimons à reconnaître dans la tête de sa statue, dont certains détails gagneraient à être atténués, sont malheureusement éclipsées par les défauts trop saillants du costume. Où chercher le symbolisme de la tragédie dans ces draperies fouillées? Où trouverai-je quelque ressouvenir des dialogues sévères, des imprécations grandioses que le vers cornélien laisse tomber de si haut sur les auditoires émus? Les plans rompus à plaisir, la coloration voulue de l'œuvre de M. Falguière, ne rappellent ni le style grave ni l'ampleur des scènes que Corneille concevait avec tant d'ordre et de lumière. Or, la statue de *Corneille* est destinée au Théâtre-Français. Elle va prendre place dans le demi-jour de l'édifice, auprès des statues de *Rachel* par Duret, de *Mademoiselle Mars* par M. Thomas, de *Talma* par David d'Angers, et l'image des tragédiens, au modelé simple et puissant, apparaîtra supérieure au marbre du grand tragique!

La sculpture historique occupe une place importante au Salon. Après *Corneille* et *M. Thiers,* voici *Rameau.* Debout, en costume du temps, la tête légèrement tournée vers la gauche, sa plume et des feuillets dans une main, le compositeur appuie le doigt sur les notes d'un clavecin. Le front, l'œil, les lèvres indiquent la réflexion. L'attitude générale de la figure, le mouvement de la tête laissent à l'oreille du maître une importance particulière ; nul n'aurait pu marquer plus clairement sa pensée que ne l'a fait M. Guillaume. Tout dans l'image de Rameau, depuis le clavecin, le violon, les partitions placées sur le socle, jusqu'à la pose tranquille du personnage, parle d'un labeur élevé, d'un art délicat. Et ce n'est pas seulement le maestro que le spectateur d'un pareil bronze voudra nommer. Que Rameau ait éclipsé Lulli; qu'il ait été l'émule de Glück; que ses compositions dramatiques portent le témoignage d'une facilité prodigieuse, on ne saurait dire cependant que ce musicien ait fait preuve de génie dans l'opéra. Le vrai titre de gloire de Rameau, c'est son *Traité d'harmonie*. Chez lui, le théoricien surpasse le compositeur. Or, l'homme réfléchi que M. Guillaume semble avoir pris sur le vif, à l'heure où, l'oreille attentive, il cherche à dégager des ondes sonores les principes harmoniques que renferme toute vibration, cet homme-là tient du savant non moins que de l'artiste. Il n'a pas l'allure méditative : il pense et il agit. Il y a même dans l'ensemble de la tête un accent de rudesse qui laisse deviner le polémiste. Les rides du front accusent la ténacité; le cou, ferme et droit, a je ne sais quoi d'inflexible. La vérité iconique a d'ailleurs été respectée par le statuaire. Chabanon, l'ami de Rameau, nous le montre d'une grande taille et d'une maigreur extrême. M. Guillaume n'a voulu prendre de ce portrait que ce qu'il jugeait compatible avec les lois de l'esthétique. Aussi la statue de Rameau est-elle élégante et de belles proportions. On sait que le compositeur avait cinquante ans lorsqu'il fit jouer son premier opéra, *Hippolyte et Aricie.*

C'est également l'homme mûr aux traits accentués que le statuaire a su représenter. Quelque point de station qu'on adopte pour l'observer, cette figure présente des lignes harmonieuses; l'équilibre des plans est plein de goût. La ville de Dijon doit être fière du monument de haut style qui lui est destiné.

Le *général Foy,* par M. Hiolle, a le geste excessif. Il nous semble que l'orateur dut se contenir davantage que ne l'a supposé le statuaire lorsqu'il laissa tomber cette belle parole à la Chambre des députés : « Il y a de l'écho en France quand on prononce ici les noms d'Honneur et de Patrie. » Pour avoir voulu rompre avec le geste que David d'Angers, de l'aveu des contemporains, avait copié sur la nature lorsqu'il exécuta la statue du général, M. Hiolle a donné à son héros une pose emphatique. Nous trouvons aussi que le front, divisé par une ride horizontale, manque de naturel. S'il faut en croire la légende, lorsque Roland sonnait de l'olifant, les veines de son front se rompaient. Un trait caractéristique du visage du général Foy, lorsqu'il était à la tribune, c'étaient les veines du front fortement gonflées. Si M. Hiolle s'était souvenu de ce détail, relevé par tous les historiens du député libéral, il eût ajouté à la personnalité de sa statue. Il convient toutefois de féliciter le sculpteur au sujet du costume militaire traité sans sécheresse et avec retenue.

Passons sans nous arrêter devant le groupe de l'*Abbé de l'Épée* par M. Auvray. Voici la statue de *Gribeauval,* par M. Bartholdi. De l'aisance, de la résolution dans la pose distinguent cette figure militaire. Toutefois les jambes sont sans proportions, et la tête manque de caractère : on a peine à retrouver, sous le masque placide du général, l'homme éminent que la France cédait à l'Autriche pendant la guerre de Sept ans, et qui, rappelé plus tard par Louis XV, transforma notre artillerie de campagne; il est probable que l'artiste aura voulu transcrire trop fidèlement quelque portrait authentique de Gribeauval.

Marguerite à l'église et la *Pensée*, par M. Louis Lefèvre, sont deux œuvres que le statuaire n'a pas pris le soin de composer : la première est une réminiscence d'Ary Scheffer, la seconde a été suggérée à son auteur par le haut relief de M. Chapu, qui, en 1877, remporta la médaille d'honneur.

Le rappel de la médaille d'honneur, décernée en 1877, nous amène à parler de M. Barrias, l'un des lauréats du Salon. Notre lecteur se souvient-il du succès prolongé que valut à Auguste de Bay le *Berceau primitif*, un groupe plein d'abandon, représentant Ève et ses deux enfants endormis? Le prince Demidoff s'était empressé d'acquérir le marbre de de Bay dès 1845, mais le *Berceau primitif* dut revenir de Florence, et nous l'admirions aux Champs-Élysées en 1855; puis l'artiste, instamment sollicité, exécuta plusieurs répliques de ce travail remarquable. M. Barrias a suivi l'exemple de de Bay. Il a ouvert la Genèse, et, s'étant pénétré du caractère à la fois grandiose et simple des scènes retracées dans le livre saint, il s'est donné la tâche de reproduire avec l'ébauchoir les *Premières Funérailles*.

Abel vient de succomber, frappé par son frère. Adam prend le jeune cadavre dans ses bras et l'emporte au plus proche de l'Éden, de ce Paradis terrestre dont le séjour ne lui est plus permis, mais dont les portes, ce semble, devront s'ouvrir devant la dépouille mortelle de l'innocence. Ève, affolée, est accourue. Debout, marchant du même pas, elle accompagne son mari dans le douloureux office qu'il remplit, et la pauvre mère couvre de ses baisers et de ses larmes le front de son enfant.

Peut-être pouvons-nous regretter que M. Barrias, dans sa juste préoccupation de répandre un parfum de jeunesse sur la scène qu'il voulait modeler, se soit trop visiblement souvenu des vers du poëte :

> Quinze ans! — l'âge où la femme au jour de sa naissance
> Sortit des mains de Dieu si blanche d'innocence,
> Si riche de beauté, que son père immortel
> De ses phalanges d'or en fit l'âge éternel!

Ève n'a guère plus de quinze ans sous l'ébauchoir du statuaire, et cependant, ici, Éve n'est plus seulement l'épouse fortunée de l'Éden, elle est mère, et le fils sur lequel elle pleure est mort adolescent. Nous conseillons à l'artiste de modifier la figure d'Ève lorsqu'il devra la traduire en marbre. Des formes moins amincies, plus de maturité dans les traits de la mère du genre humain, ajouteront à la vérité des *Premières Funérailles*.

Abel, représenté dans l'affaissement de la mort, fléchit entre les bras de son père. *Exhalans crudeli vulnere vitam*, eût dit Virgile en parlant de ce jeune homme. Il n'a plus que des membres inertes. Seul, le bras gauche replié sur la poitrine manque quelque peu de naturel ; les muscles ne sont pas détendus, un reste de vie s'est réfugié, contre toute attente, dans ce bras que rien ne retient et qui devrait tomber. Nous conseillons à M. Barrias, avant de passer au marbre, de laisser glisser la main de la mère sur le bras sans force de son enfant, afin qu'un point d'appui rende acceptable pour le regard la pose pleine d'abandon du jeune mort.

Émn, presque courroucé, Adam s'est emparé du corps de son fils, et il le porte courageusement jusqu'à la tombe. Une anatomie bien rendue, sans affectation, révèle la volonté du père et l'intime combat qui se livre dans son âme. Une flamme étrange semble luire dans ses yeux. Les veines de son front se sont gonflées. Adam ne peut être tout entier à sa douleur, ou plutôt sa douleur est multiple. S'il est le père de la victime, le meurtrier est également son fils. Le signe des pensées qui s'entre-choquent en lui est sobrement écrit sur ce corps nerveux et farouche, à la démarche violente.

Telle est l'impression que nous a faite, au cours d'une étude prolongée, le groupe des *Premières Funérailles*. Les qualités que nous nous plaisons à relever dans ce bon travail ont aussi frappé les membres des jurys réunis, et voilà pourquoi la médaille d'honneur a été décernée à M. Barrias. Il a paru à tous que ce statuaire s'était résolûment placé sur la voie difficile qui conduit au grand art. Son groupe n'a rien de vulgaire. L'auteur ne s'est pas laissé détourner de sa route par les succès bruyants de quelques confrères qui atteindront moins sûrement la gloire que la fortune. Il a fait preuve d'étude; mais qu'il nous permette de le lui dire, les *Premières Funérailles* ne sont pas une œuvre entièrement achevée : quelques taches légères ont besoin d'être effacées dans la composition; quelques lacunes dans le modelé veulent être atténuées. Il y a trace sur l'épiderme des figures de ce groupe de tendances heureuses que des juges ont eu plaisir à encourager, mais ce ne sont encore que des tendances. Il appartient au statuaire de préciser ce qu'il n'a fait qu'effleurer. Le beau veut être parlé hautement, virilement. Que M. Barrias n'hésite pas. Qu'il se recueille de nouveau devant son marbre, et qu'une œuvre lumineuse, idéale, jaillisse du bloc. Qu'il enveloppe le pur carrare, en le sculptant avec amour, de cette flamme légère, invisible, mais dont la chaleur généreuse trahit la présence, et qui s'appelle la grâce. Qu'il soit grand comme Homère, sans oublier d'être tendre comme Virgile, et son groupe, qui a les proportions d'une épopée, peut devenir une œuvre hors de pair.

Mais M. Barrias n'est pas seul lauréat de la médaille d'honneur. M. Delaplanche s'est vu l'objet de la même distinction pour deux œuvres dont nous avons parlé précédemment, la *Musique* et la *Vierge au lis*. Exposées en plâtre aux derniers Salons, c'est le marbre de ces statues que nous devons juger aujourd'hui. L'artiste n'a pas sensiblement modifié la draperie bizarrement jetée sur cette jeune femme qu'il appelle la Musique et qui n'a rien d'une Muse, si ce n'est l'instrument dont elle joue avec quelque âpreté. Toutes réserves faites sur l'arrangement de la figure, selon nous trop réaliste, la science dont le sculpteur donne la mesure en traitant son marbre, la morbidesse des chairs nous obligent à reconnaître chez M. Delaplanche une habileté des plus rares. La *Vierge au lis* n'est pas inférieure à la *Musique* sous le rapport de l'exécution, mais la sculpture religieuse exige davantage que l'allégorie, et l'extase dans laquelle l'artiste a surpris sa *Vierge* est loin d'être digne. Nous retrouvons ici ce qu'Éméric-David appelait très-justement « l'accent de la main »; mais le goût? Où en chercher la trace? Le statuaire a manqué de ce sens délicat qui permet d'établir un juste équilibre entre la pensée et l'image qui en est l'expression. Comment donc expliquer qu'une médaille d'honneur ait été décernée à M. Delaplanche? Selon toute apparence, le jury s'est souvenu du passé de cet artiste; ce ne sont pas les œuvres qu'il expose aujourd'hui qu'on a voulu récompenser, ce sont dix années d'études, de labeur sérieux que des juges s'empressent de reconnaître avant que le statuaire qui, pouvait être un chef d'école, soit plus qu'un brillant transfuge de l'art vraiment sérieux. Des deux lauréats du Salon, l'un s'avance plein de promesses, tandis que l'autre s'égare, à la suite de M. Falguière, dans les sentiers glissants de la sculpture pittoresque.

IV

M. Courtet : *Baigneuse.* — M. Granet : *Floriora.* — M. Schœnewerk : *Un guet-apens.* — M. Cugnot : *Messager d'amour.* — M. Jean-Baptiste Dupuis : le *Départ pour Cythère.* — M. Gustave Doré : la *Gloire.* — M. Laoust : *Spes.* — M. Frémiet : *Chevalier errant.* — M. Gautier : *Perfidie.* — M. Croisy : *Paul Malatesta et Françoise de Rimini.* — M. Leroux : *Démosthènes.* — M. Fourquet : la *Source de l'Yvette.* — M. Irvoy : *Sentinelle gauloise.* — M. Thomas : *M. Dumont.* — M. Paul Dubois : *M. Paul Baudry.* — M. Chapu : *Portrait de madame T.....* — M. Tony Noël : *Portrait du baron Taylor.* — M. Destreez : *Portrait de « ma fille ».* — M. Auvray : *Brevière.* — Mademoiselle Dubray : *Stanley.* — M. Lanson : *Bianca.* — M. Beyiard : le *Frère Alphonse.* — M. Guillaume : *Orphée.*

La *Baigneuse*, de M. Courtet, rappelle quelque peu, par son attitude somnolente, le *Désespoir*, de Perraud; mais le marbre de cette figure est vigoureusement traité. M. Granet doit avoir visité la tombe de Henry Mürger; sa statue, *Floriora*, est la sœur cadette de la *Jeunesse effeuillant des roses* dont M. Aimé Millet a décoré le monument de l'auteur de la *Vie de bohème*. Nous ne quittons pas les jardins avec M. Schœnewerk, mais les longues jeunes filles que l'artiste se plaît à représenter dénichant des Amours microscopiques dans les rosiers et les coquilles n'ont rien à voir avec la statuaire. M. Schœnewerk était mieux inspiré il y a cinq ans, lorsqu'il modelait sa *Jeune Fille à la fontaine*. Le genre gracieux exige le tact et la mesure. L'afféterie devient vite un écueil pour l'artiste qui se renferme dans l'idylle. *Un guet-apens* est loin d'être une page supérieure dans l'œuvre de M. Schœnewerk.

M. Cugnot a déployé un certain talent dans son groupe *Messager d'amour*. Pourquoi faut-il que des nuages superposés forment une base factice sous les pieds de son personnage? Il n'y a pas de tranquillité dans cette œuvre modelée, qui semble plutôt faite pour la toile que pour le marbre. De quelque point qu'on l'observe, les lignes manquent d'ampleur, et cependant le Mercure hardiment jeté, prêt à répandre des joyaux sur le monde, l'Amour qui l'accompagne et qui renverse, en enfant prodigue, une corne d'abondance, les bas-reliefs où se déroule la légende du dieu, attestent que le sculpteur a eu l'ambition de composer une page allégorique. La statuaire vit sans doute de mouvement, mais la matière tangible demande aussi que l'œuvre sculptée rassure le regard et que le style en soit noble et contenu.

Nous avions pris plaisir l'an passé à signaler la *Vierge et l'Enfant Jésus*, de M. Jean-Baptiste Dupuis, mais déjà nous faisions observer à cet artiste qu'il avait tort de disperser ses forces et de mener de front l'art plastique, la gravure en médailles et la peinture. M. Dupuis n'a pas tenu compte de notre conseil : deux portraits peints, plus de quinze médailles ou camées et une statue ont été envoyés par lui au Salon. C'est trop. La statue représente un Amour sur un dauphin et s'intitule *le Départ pour Cythère*. L'eurythmie du mouvement a de la souplesse et de la vie, mais l'artiste ne pouvait-il faire choix d'un sujet moins rebattu? M. Dupuis ne permet pas à la Muse de le guider; s'il se montre impatient d'atteindre à la renommée, il laissera des travaux, non des œuvres.

M. Gustave Doré est en progrès sur sa *Parque et l'Amour*. Il a représenté la *Gloire militaire* emportant dans ses bras un soldat mort au champ d'honneur. M. Mercié a traité naguère le même sujet en statuaire habile; on sent au contraire dans le travail de M. Gustave Doré que chez lui le crayon nuit au ciseau. L'effet de cette composition héroïque a été visiblement cherché par un dessinateur à la main rapide, à l'esprit abondant. Une lyre, des couronnes, des palmes ébauchées avec profusion enlèvent toute grandeur au groupe; par contre, ces nombreux détails trouveraient leur place dans un dessin. Cependant nous constatons dans le dernier ouvrage de M. Doré moins de prétention que dans le précédent.

Spes, par M. Laoust, est une figure aux ailes largement ouvertes et qui s'apprête à franchir l'espace. On peut souhaiter que le jeune artiste qui a composé cette image se montre à l'avenir plus sévère dans l'arrangement de ses draperies; mais l'élan, la spontanéité, l'enthousiasme dont il fait preuve par sa statue de l'Espérance nous autorisent à bien augurer de son avenir.

M. Frémiet est un animalier de premier ordre. Qu'il ait à sculpter un groupe, si un animal ne trouve place sur le socle de sa composition, le statuaire se trouble, il cherche sa voie; son œuvre a quelque chose d'étrange, mais rien de plus. Il en est autrement lorsque M. Frémiet peut modeler une gazelle, un dromadaire ou un cheval; alors il apporte dans son travail une précision myologique des plus rares. Son *Chevalier errant,* exposé au Salon, nous semble supérieur à la statue de Jeanne d'Arc de la place des Pyramides. On a si souvent fait reproche à M. Frémiet d'avoir guindé dans son armure la libératrice d'Orléans, qu'il a voulu prouver qu'un haubert peut être assoupli, et qu'un homme bardé de fer peut se mouvoir à l'aise sur son cheval pesamment harnaché. Car, depuis quelque temps, M. Frémiet a l'esprit obsédé par les détails archéologiques. C'est moins la nature que la science qui l'attire. Nous avons le droit de le regretter en face de ce paladin qui fièrement chevauche à travers champs.

Farouches, ils étaient les chevaliers de Dieu,

a dit le poëte de la *Légende des siècles*. C'est bien un de ces hommes quasi fantastiques que M. Frémiet a sculpté. Le jour viendra, croyons-nous, où l'artiste se sentira séduit par le beau, et, sachant échapper aux connaissances techniques qui étouffent chez lui l'inspiration, il dépouillera ses héros de la cotte de mailles, des brassards et du gantelet. En sculpture, la science veut être voilée; c'est à la grâce et au sentiment de vêtir le marbre.

Perfidie, par M. Gautier, est un groupe inspiré du *Festin de Pierre* ou de *Rolla*. Il rappelle l'histoire toujours vraie de la ruse triomphant de l'innocence. Nous trouvons plus d'une silhouette heureuse dans l'agencement des figures du trompeur et de sa victime, mais est-il bien naturel que don Juan ait dépouillé tout vêtement et se démasque pour mieux assurer sa victoire? Le contraire nous semblerait plus logique : la *Perfidie* implique le mensonge; or ce n'est pas la réalité qui induit en erreur, c'est l'apparence.

Nous n'aurons que des éloges pour le groupe de

M. Croisy, *Paul Malatesta et Françoise de Rimini*. Le marbre ajoute par sa transparence à la quiétude de cette scène immortelle que Dante a chantée :

La bocca mi baccio tutto tremante...

La lumière se joue sans obstacle sur les plans du carrare élégamment travaillé. Il n'aura manqué à l'œuvre de M. Croisy que des dimensions moins réduites pour commander à l'attention générale.

Ce ne sont pas les conseils qui ont été ménagés à M. Leroux lorsqu'il exposa le plâtre de son *Démosthènes*. Cette fois nous avons le marbre devant les yeux, mais c'est le même tumulte, la même incohérence qui nous avaient choqué dans le modèle. Le manteau violemment fouetté par le vent ne présente que des lignes sans beauté, et Démosthènes, trahi par son statuaire, n'a plus rien de l'orateur.

La *Source de l'Yvette*, par M. Fourquet, est un marbre suave qui remet en mémoire le vers de Virgile :

Sæpe levi somnum suadebit inire susurro.

Demi-couchée sur le bord du ruisseau dont elle est la gardienne, une jeune fille orne son front de quelques fleurs cueillies dans les roseaux. L'attitude de la nymphe indique la rêverie ; ses jambes légèrement repliées éveillent une pensée de repos. Nous avions applaudi à l'inspiration gracieuse de M. Fourquet lorsqu'il exposa le plâtre de sa statue au Salon de 1874 ; le marbre, aux formes passées, à l'épiderme élégant et plein de souplesse, est supérieur au modèle.

Une *Sentinelle gauloise*, par M. Irvoy, est une œuvre

originale. Debout, l'oreille au vent, le rude soldat, demi-nu, s'apprête à donner l'alarme ou à vendre chèrement sa vie. Cette figure atteste chez son auteur une connaissance sérieuse de la myologie. Les membres tendus sans violence, les pectoraux sobrement modelés, révèlent une nature jeune, un tempérament fait d'audace et d'énergie sauvage. Nous félicitons M. Irvoy, déjà connu par la statue de Ronsard, d'avoir ouvertement cherché à étendre le domaine de la sculpture, en substituant avec talent le type celte au type grec. David d'Angers avec *Dumnacus*, Maindron, l'auteur de *Velléda*, ont ouvert la route il y a quelque trente ans. M. Irvoy a repris la même trace, et n'ayant pas d'autre but que celui d'échapper à l'idéal antique sans rien sacrifier des lois fondamentales de son art, il vient de mettre au jour une composition de valeur qui mérite d'être remarquée.

M. Thomas, membre de l'Institut, expose le buste de son maître, *M. Dumont*. Nous aimons à y reconnaître le caractère, l'inspiration mêlée de fermeté qui distinguent l'un des vétérans de notre école. Les yeux, profondément enchâssés dans l'orbite, donnent au buste de M. Dumont une expression martiale et rêveuse qui répand un grand charme sur le visage.

M. Paul Baudry, par M. Paul Dubois, est un buste de petites dimensions que plus d'un visiteur du Salon ne saura pas trouver. Tant pis pour ceux-là. Le nouveau travail de M. Dubois est plein de vie, de franchise et de distinction. Il donne l'idée d'un tempérament alerte, d'un esprit élevé chez le peintre du Foyer de l'Opéra. Quelque chose de vif et de lumineux se dégage du portrait modelé.

M. Chapu n'a qu'un buste au Salon. C'est le *Portrait*

de madame T... Nous ne pouvons que louer le style de ce marbre souple, aux méplats habilement gradués sur les joues et les épaules. Nous regrettons que le modèle n'ait pas laissé le statuaire disposer à son gré l'abondante chevelure dont les ondes débordent avec excès sur le front. M. Chapu ne doit pas être tenu pour responsable de ce détail : la mode est un dieu respecté que l'artiste a rarement le droit d'oublier; mais nous supposons bien que l'auteur applaudi de la *Pensée* eût mieux aimé rendre un front jeune et distingué que des touffes de cheveux. Tel qu'il est, d'ailleurs, le *Portrait de madame T...* ne laisse pas que d'être un des meilleurs bustes du Salon. Le *Portrait du baron Taylor,* par M. Tony Noël, est un bronze robuste et d'aspect sévère; toutefois, le costume manque de grandeur et contraste avec la tête du modèle.

M. Destreez a envoyé un buste de proportions réduites qu'il intitule : *Portrait de « ma fille ».* C'est une œuvre exquise de candeur et de grâce. *Brevière,* par M. Auvray, manque de liberté; la tête se perd dans les épaules, mais il y a de la finesse dans les traits; nous y retrouvons la physionomie sympathique de l'ancien directeur des travaux de gravure à l'Imprimerie royale. Nous sommes heureux d'apprendre que ce buste va trouver place au Musée d'antiquités de Rouen, dont Brevière fut un des fondateurs.

C'est un portrait de valeur que celui de *M. Stanley,* par mademoiselle Dubray. La résolution est vraiment écrite sur ce bronze, un peu sec, mais vigoureux. Pourquoi faut-il que le costume soit absolument disgracieux?

M. Lanson, qui habite encore la villa Médicis, nous permettra de lui dire que son buste à mi-corps, muni de bras, qu'il intitule *Bianca,* est un fragment de statue. Comment

M. Lanson, qui s'est inspiré des vers de M. Barbier :

> Tantôt elle peignait ses longues tresses blondes, etc.,

n'a-t-il pas senti que le poëte avait dépeint une action ? Or, la tête humaine n'est pas destinée à rappeler un personnage agissant; voilà pourquoi les maîtres évitent avec soin de modeler les bras lorsqu'ils veulent exécuter un buste. Le marbre finement travaillé sur divers points par M. Lanson nous laisse regretter que l'artiste n'ait pas osé faire une statue de l'image virginale de *Bianca.*

M. Beylard a noblement traduit, dans la statue du *Frère Alphonse,* le zèle patient et simple des fils du vénérable de la Salle. Le travail de M. Beylard, idéalisé dans une certaine mesure, mérite de sérieux éloges. La pose est naturelle et tranquille; le costume sobrement rendu; l'expression discrète et contenue. M. Beylard a fait preuve de goût en cachant à moitié sous le manteau de l'instituteur congréganiste la croix de la Légion d'honneur que lui ont valu ses longs services. Ce n'est là sans doute qu'un détail, mais il est en harmonie si parfaite avec l'humilité, le dévouement obscur du modèle, que l'œuvre de M. Beylard doit peut-être à ce trait heureux une part de son éloquence. La tête du Frère Alphonse respire la bonté, le naturel, le recueillement. L'effigie de cet homme de Dieu méritait d'être coulée en bronze, pour prendre place, comme un type impersonnel, sur le tombeau des Frères des Écoles chrétiennes dans la ville où s'exerça le zèle du Frère Alphonse. La statue dont nous venons de parler a conquis le *prix de Florence* à son auteur : ce n'est que justice.

Voici maintenant l'image reposée du poëte *Orphée,* par M. Guillaume. Debout et nu, sa lyre sur la hanche gauche, de sa main droite il vient d'effleurer les cordes de l'instrument. Ses yeux aveugles, abrités sous l'arcade légère des sourcils, sont levés vers le ciel. Les ondulations du torse, la sveltesse des jambes trahissent l'élan de la pensée. Peut-être le fils de Calliope est-il chez Pluton, peut-être vient-il chercher Eurydice dans le sombre royaume? On croit lire dans ses traits la prière d'un dieu. Mais non, un fauve s'est approché jusqu'aux pieds du poëte; Orphée a été entrevu par l'artiste pendant qu'il faisait retentir les vallées du son de sa lyre à trois cordes, aux jours naissants de l'âge d'or, alors que les arbres cessaient d'agiter leur feuillage pour mieux goûter ses chants, alors que les fleuves suspendaient leur cours, que la brise elle-même se taisait. Ce silence de la nature, ce repos enchanté de la création en présence du divin se trouvent habilement gravés dans l'image idéale que nous analysons. Eh! mon Dieu, personne ne s'y méprend, Orphée n'est ici qu'un prétexte. L'artiste voulait élever l'imagination, emporter l'âme dans une région supérieure, rappeler sans phrases, sans artifices, de quelle puissance dispose l'art plastique pour initier l'esprit aux conceptions grandioses, et une figure d'éphèbe lui a suffi. Le souffle ininterrompu d'une vie que le temps n'a pas altérée s'échappe de cette poitrine aux contours amincis. La séve, une séve qui n'a rien d'humain, rayonne du centre à la circonférence dans les membres aux fines attaches, dans le front puissant et rêveur du dieu-poëte. M. Guillaume n'oublie pas, quand il est en face de la nature, que, suivant la maxime de Hegel, « l'objet des représentations de la sculpture, c'est l'esprit dans son essence, revêtu d'une forme corporelle ». De moins savants ou de moins courageux s'arrêtent à l'enveloppe humaine, les maîtres vont droit à l'âme.

V

M. de Tombay : le *Torturé des vallées maudites.* — M. Salvatore Albano : *Inferno di Dante.* — M. Bailly : le *Premier Inventeur.* — M. Doublemard : la *Première Question.* — M. Laporte : le *Dénicheur.* — M. Perrey : la *Loyauté.* — M. Clésinger : la *Phryné au Vase.* — M. Baujault : le *Rêve.* — M. Saul : *Volupté.* — M. Bianchi : *Nydia.* — M. Guarnerio : *Surprise.* — M. Braga : *Récréation.* — M. Bartholdi : le *Lion de Belfort.* — M. Valton : *Tigres jouant.* — M. Gelert : le *Dieu Thor.* — M. d'Astanières : *Régénération.* — M. Basset : le *Torrent;* la *Brise.* — M. Bacquet : *Velléda.* — M. Bonnaffé : *Terpsichore.* — Mademoiselle Gabrielle Dubray : *Euterpe.* — M. Allouard : *Charmeuse.* — M. Boisseau : le *Génie du mal.* — M. Maniglier : la *Science.* — M. Jouandot : le *Repos éternel.* — M. Denécheau : *Une étoile.* — M. Combarieu : *Juvénal.* — M. Carrier-Belleuse : *Molière.* — M. Peiffer : les *Hirondelles.* — M. Le Duc : *Centaure et Bacchante.* — M. Détrier : *Bernard de Jussieu.* — M. Delhomme : le *Défi.*

Dante est l'inspirateur d'un certain nombre de nos jeunes maîtres. Il faut les en louer. Flaxman avant eux s'est épris de l'Homère italien, et les fins croquis que lui inspira la lecture attentive du *Purgatoire* et de l'*Enfer* l'ont fait immortel. Plus que ses marbres, ses *Illustrations* de la *Divine Comédie* lui assurent une renommée durable, éclatante. Flaxman était Anglais; il avait le don d'entrevoir une page sévère, quelquefois sublime, et sa main devenait un instrument docile aux commandements de son esprit; mais, le trait jeté, fallait-il aborder la glaise, le labeur prolongé que réclame la sculpture entravait l'inspiration; un voile interceptait la lumière d'en haut;

le souffle s'était refroidi; l'œuvre demeurait correcte, ingénieuse, mais glacée.

Tel n'est pas le destin de M. de Tombay. Son *Torturé des vallées maudites* est un personnage vivant dont le supplice éveille la pitié. Des deux mains, il essaye de se dégager de l'étreinte qui l'enserre, mais les reptiles ne lâchent pas leur victime. Ce descendant de Laocoon, que Dante Alighieri a rencontré dans l'enfer, est voué aux tourments éternels. La douleur le fait crier et se tordre; toutefois l'artiste n'a pas cédé à de vaines prétentions réalistes : il est resté sculpteur.

M. Salvatore Albano, sous le titre : *Inferno di Dante,* a traité le même sujet que M. de Tombay. Mais quelle différence de style! Le marbre tapageur de M. Albano, la science myologique accusée avec exagération, la pose du supplicié, sans naturel, ne sollicitent pas le regard. Aujourd'hui les compatriotes du Florentin sont moins aptes que des étrangers à interpréter avec le ciseau les grandes scènes de leur poëme national.

Le *Premier Inventeur,* de M. Bailly, n'est autre chose qu'un modèle, dont la pose n'est pas sans rapport avec celle du *Discobole,* et qui tient dans sa main une hache improvisée qu'il a façonnée tant bien que mal à l'aide d'une pierre tranchante. Passons. M. Doublemard intitule la *Première Question* un groupe composé d'une mère et de son enfant. Sur les genoux de la mère est une quenouille; dans les mains de l'enfant un fuseau, et le petit être demande apparemment comment s'appelle cet objet. Il y avait là tout au plus le sujet d'une aquarelle. Encore une scène de genre, le *Dénicheur,* de M. Laporte, et l'art plastique n'admet point de compositions de cet ordre, à moins qu'un style distingué ne compense le vide de la pensée.

M. Perrey a su représenter avec goût la *Loyauté*. Une jeune femme, nue, tenant de la main gauche un caducée, de la droite un miroir, est assise sur une balle d'étoffe. On ne dira pas que le statuaire ait esquivé la difficulté. La loyauté commerciale a son symbole élégant, élevé dans ce marbre sans convention, où l'idée moderne est franchement abordée. Tant d'autres, parmi nos artistes, négligent d'étudier un sujet dans le but de le rajeunir, de le faire contemporain par la pensée qui s'en dégage, que nous ne résistons pas au plaisir de féliciter ceux que l'allégorie n'effraye pas, et qui osent la traiter avec des éléments nouveaux sans répudier la tradition. Or, la figure de la *Loyauté*, nouvelle par l'idée, est antique par l'exécution, c'est-à-dire dans l'arrangement de la draperie qui enveloppe les jambes, les lignes onduleuses, l'équilibre des plans.

Il y a longtemps que M. Clésinger est passé maître dans le travail du marbre. Sa *Phryné au Vase* n'est pas inférieure à ses meilleurs ouvrages, mais certains détails de la poitrine, trop accusés, des membres ronds, des attaches sans fermeté, nuisent à cette figure, qui semble plutôt inspirée de Pradier que de l'antique. La tête est la partie la plus achevée.

Nous signalerons le *Rêve*, de M. Baujault, comme une œuvre savante; cependant, l'idée dont l'artiste s'est inspiré n'a pas, ce nous semble, toute la réserve qu'exige l'art plastique. Il en faut dire autant de la *Volupté*, par M. Saul. Ici la composition est plus défectueuse encore que dans l'œuvre de M. Baujault. Mais M. Saul est Italien : ce mot est significatif lorsque l'art plastique est en jeu. Il faut croire, d'ailleurs, qu'un certain public fait bon accueil aux sculpteurs d'Italie, car leur nombre va croissant chaque année à nos Expositions.

Tout le monde a lu les *Derniers Jours de Pompéi*, de sir Bulwer Lytton, et l'on se souvient de *Nydia* l'aveugle. C'est elle que M. Bianchi a sculptée dans un marbre fin. Les draperies ne manquent pas d'un certain laconisme, mais M. Bianchi n'a pas su rendre la cécité de la jeune fille. Que n'a-t-il observé les yeux aveugles des statues antiques? Ajoutons que, s'il avait pris conseil des sculpteurs d'Athènes, il n'aurait pas exagéré l'importance de la tête; de plus, l'expression des traits de sa statue n'éveillerait pas une idée d'indolence et de mollesse. Toutefois, reconnaissons que l'œuvre de M. Bianchi est de beaucoup supérieure aux statues de M. Guarnerio, *Surprise*, et de M. Braga, *Récréation*. Combien ces deux artistes — ou leurs praticiens — s'entendent au trompe-l'œil! Mais l'art est de plus haute lignée.

M. Bartholdi pourrait parfois s'appliquer le mot célèbre de Puget : « Je me suis nourri aux grands ouvrages, je nage quand j'y travaille; et le marbre tremble devant moi, pour grosse que soit la pièce. » Si la statue colossale de la *Liberté éclairant le monde*, que M. Bartholdi vient d'exécuter pour l'Amérique, ne relève pas uniquement du sculpteur, le *Lion de Belfort* donne la mesure du talent de l'artiste lorsqu'il s'agit de modeler une page de grandes proportions. Blessé, non vaincu, le lion gigantesque, symbole de notre nation, a secoué sa rude crinière et relève la tête avec fierté. L'œil est impératif; de ses narines le roi du désert aspire la vengeance. Des plans simples et larges, habilement gradués, distinguent cette figure éminemment décorative et magistrale dans l'ensemble. Nous n'avons sous les yeux qu'un modèle au tiers de l'exécution, mais nous nous persuadons sans peine que l'œuvre définitive doit être élégante, aisée, malgré sa masse, le statuaire ayant équilibré avec autant de goût que de science les diverses parties de son colosse. Nous n'envierons plus le *Lion de Lucerne :* le *Lion de Belfort* est un monument de premier ordre, et M. Bartholdi doit nous consoler de Thorvaldsen.

Les *Tigres jouant* de M. Valton sont loin de nous rappeler des fauves. Ils ont un air bonhomme tout à fait de fantaisie. Nous leur préférons le *Dieu Thor* saisissant la tête du taureau qui doit servir d'appât pour prendre le serpent de Midgard. C'est M. Gelert, un sculpteur danois, qui s'est donné la tâche de traduire à l'aide de l'ébauchoir cette scène de la mythologie scandinave. Thor est un lutteur nerveux. Ses jambes arquées, ses bras tendus, le développement de la partie dorsale interprétée avec concision, attestent les connaissances de l'artiste en anatomie. Le taureau, bien posé, résiste. Le groupe est vraiment en action. M. Gelert a fait preuve d'étude dans ce travail, et la tête du dieu Thor, pleine de noblesse et d'énergie, témoigne du goût élevé du statuaire.

M. le comte d'Astanières a convenablement traité la figure d'éphèbe qu'il appelle la *Régénération*. L'ébauchoir de l'artiste est tenu par une main ferme; l'écueil que doit craindre M. d'Astanières, c'est une certaine maigreur. Nous l'attendons aux prochains Salons.

M. Basset, dont nous avons critiqué il y a deux ans une statue allégorique appelée par lui le *Torrent*, et qui n'a rien de la puissance ou de l'impétuosité du gave en courroux, expose la même figure en bronze. Pas plus que le modèle, l'œuvre dernière ne nous paraît revêtir les caractères qui rappellent un torrent. Mais le même artiste, qui semble se plaire aux monuments décoratifs, expose un groupe remarquable, visiblement destiné à orner un jardin. La *Brise*, tel est le titre adopté par M. Basset, titre contestable et sur lequel nous ne voulons pas condamner un travail sérieux. Une figure volante, d'un jet robuste et souple, a le bras droit tendu, et un Amour, les ailes déployées, tenant une lyre dans ses mains, se tient posé sur le bras de la jeune femme. Encore que la figurine de l'Amour n'enlève pas à la légèreté de la statue principale, elle complique le sujet et le rend moins saisissable pour la pensée. Ces réserves faites, nous ne pouvons que reconnaître l'aisance, la grâce, les lignes onduleuses, l'élan naturel, qui distinguent la statue de M. Basset. Sans voiles, elle ne cesse pas d'être d'une convenance parfaite. Tout l'intérêt de la composition gît dans le mouvement général et dans la pose de la tête fièrement tournée vers la droite. C'est à peine si des critiques sévères oseraient signaler un effacement de la hanche qui n'est pas absolument conforme à la vérité; mais le modelé contenu, la sveltesse de la figure, rachètent ce détail. La *Brise*, de M. Basset, n'a pas moins de nonchalance dans son vol que les figures aériennes de Prudhon, et elle remet en mémoire, par l'énergie de ses formes, les Renommées attiques de Pradier qui ornent les tympans de l'Arc de l'Étoile. Dans sa pose horizontale, elle semble effleurer la terre : ainsi le vent tiède du matin passe, léger, sur les blés, et leurs tiges cèdent sans secousse au souffle qui les caresse.

M. Bacquet s'est trop souvenu de l'œuvre populaire de M. Maindron lorsqu'il a voulu représenter *Velléda.*

On souhaiterait moins de fermeté dans le geste de la main droite de la statue de *Terpsichore,* par M. Bonnaffé. Ce marbre est élégant et vrai. D'une Muse à l'autre il n'y a que la main. Signalons la figure d'*Euterpe*, par mademoiselle Gabrielle Dubray; mais ici c'est la draperie qu'il faut reprendre, elle manque de simplicité. Nous préférons à la Muse de la Musique tenant la double flûte dans ses mains, une *Charmeuse*, de M. Allouard. Elle aussi a son instrument : ce sont des pipeaux, et la gracieuse enfant voit les bergeronnettes demeurer sur son épaule. Fi des charmeuses de serpents, nous en avons trop vu; l'oiseau n'a-t-il pas plus d'affinités avec la jeunesse et la grâce que de hideuses couleuvres?

Le voilà reparu, d'ailleurs, l'éternel reptile. M. Boisseau nous le montre inspirant le *Génie du mal.* L'allégorie est quelque peu confuse. Cet homme qui n'est pas sans rapports par sa pose avec le *Timon* de M. Captier, tient une pomme dans la main. Le voisinage du serpent reporte notre esprit vers l'Éden, et nous pensons au fruit défendu; mais M. Boisseau, qui a fait preuve de science dans le travail qu'il expose, n'a pas su trouver un sujet simple, clair et attachant.

M. Maniglier fera bien de veiller sur sa mémoire : la *Science* enfonçant le doigt dans une sphère entr'ouverte nous a rappelé le *Cuvier* du Jardin des Plantes, dont l'attitude est similaire. Le *Repos éternel,* par M. Jouandot, est une figure jeune, dont les formes n'ont pas souffert de la caducité du temps; mais cette statue ne peut être en son lieu que sur une place publique ou dans un jardin.

Abritée dans un monument, la draperie flottante cesse d'être motivée.

Une jeune femme s'échappe du tombeau, et M. Denécheau, qui l'a représentée faisant effort pour s'envoler vers un monde meilleur, l'appelle une *Étoile*. Ne nous attardons pas à scruter un titre; disons plutôt que l'un des bras de cette figure est d'un galbe exquis, et que le goût qui a présidé à l'agencement de la composition crée pour l'artiste des droits à notre éloge. Tous nos encouragements à M. Combarieu pour sa statue de *Juvénal*, dont il faut louer le caractère, les formes choisies et impersonnelles; M. Combarieu s'est rendu compte de l'idéalité qui sied à l'effigie du poëte; cependant le jeune artiste ne s'est pas encore familiarisé avec le vrai type romain.

Le *Molière* de M. Carrier-Belleuse, accoudé sur le dossier de sa chaise, a quelque chose de satirique sans noblesse. Ce n'est point là l'auteur du *Misanthrope*, mais, ressemblance à part, on pourrait nommer Beaumarchais.

Un mouvement harmonieux, un habile équilibre entre le nu et la draperie recommandent le marbre que M. Peiffer intitule *les Hirondelles*. M. Le Duc est en progrès. Son groupe *Centaure et Bacchante*, sagement composé, a de la légèreté, du mouvement; il vit.

La statue de *Bernard de Jussieu*, par M. Détrier, fait grand honneur à cet artiste. C'est bien ainsi qu'il convenait de représenter sans bruit, sans emphase dans le costume ou dans le geste, l'homme simple, l'observateur recueilli qui donna pour base à sa méthode le groupement des espèces d'après leurs affinités naturelles, patiemment étudiées. Bernard de Jussieu, disent ses historiens, fut un homme de pensée, persévérant et sagace dans la poursuite du vrai, mais sans grande expansion. Quelques rares mémoires sur la pilulaire ou le lemma, le catalogue du jardin botanique de Trianon sont les seuls ouvrages qu'ait laissés ce savant. M. Détrier a donc eu raison d'apaiser la matière à laquelle il se proposait de demander la statue du botaniste. Une plante dans la main, le classificateur semble appliqué à l'étude de ses caractères : une pareille occupation ne conviendrait pas à Tournefort ou à Buffon, elle particularise Bernard de Jussieu.

« Nus, et distingués entre tous par la jeunesse et la beauté, ceux du premier rang inspiraient la terreur par leur figure et leurs gestes. » Telle est la parole de Polybe qui a servi de thème à la composition de M. Delhomme, le *Défi*. C'est une figure originale, pleine de style, au modelé puissant et sobre. D'un geste simple, mais résolu, le guerrier montre le sol, et sans nul doute ce combattant fera mordre la poussière à quiconque osera se mesurer avec lui. Nous ne pouvons rien dire relativement au type adopté par M. Delhomme, ne sachant pas à quelle nationalité se rattache son modèle. Les lignes qui ont inspiré le statuaire sont-elles empruntées à l'histoire d'Annibal ou a celle d'Antiochus? Est-ce un Grec, un Romain, un Gaulois que M. Delhomme a eu le dessein de représenter, d'accord avec l'historien militaire de Mégalopolis? Quoi qu'il en soit, le *Défi* est une page de sculpture qui forme un heureux contraste avec les nymphes et les rétiaires si fort en honneur chez les jeunes artistes à court de pensées.

VI

Mademoiselle Adam : *Saint Jean-Baptiste.* — M. Lafrance : *Saint Jean.* — M. Carlo Abate : *Saint Jean-Baptiste.* — M. Hugues : le *Baptême du Christ.* — Madame Nicolet : *Saint Georges.* — M. Belouin : *Saint Vincent de Paul recueillant les enfants abandonnés.* — M. Mathieu-Meusnier : *Saint Laurent.* — M. Moreau-Vauthier : *Sainte Geneviève.* — M. Frémiet : *Saint Grégoire de Tours.* — M. Jouneau : *Martyre chrétienne.* — M. Cougny : *Sainte Marie-Madeleine à la Sainte-Baume.* — M. Itasse : *Marie-Madeleine.* — M. Guibé : *Jérémie.* — M. Champigneulle : *Moïse.* — M. Becquet : *Joseph arrive en Égypte.* — M. Janson : *Salomé.* — M. Lemaire : *Samson trahi par Dalila.* — M. Guglielmo : *Abel mort.* — M. Gautherin : le *Paradis perdu.* — M. Vaudescal : *Réflexion après le péché.* — M. Alfred Boucher : *Ève après sa faute.* — M. Deloye : *Saint Marc.* — Mademoiselle Giovanna Dubray : *In hoc signo vinces.* — M. Tournier : *Venez à moi par ma Mère.* — M. Viennet : la *Présentation.* — M. Cabuchet : *Notre-Dame de Lourdes.* — M. Leharivel-Durocher : *Sainte Théodechilde.* — M. Escoula : *Christ en croix.* — M. Ding : *Jésus.* — M. Montagny : *Christ.* — M. Leofanti : *Christ au tombeau.*

Les statuaires, plus que les peintres, étant restés fidèles au grand art, la sculpture religieuse est courageusement abordée par un certain nombre de nos jeunes maîtres. Et plusieurs sont redevables aux Livres saints de compositions dignes d'éloges.

Commençons par le *Saint Jean-Baptiste* de mademoiselle Adam. Debout, une coquille dans la main droite, sa croix de roseau dans l'autre main, le Précurseur a été entrevu par l'artiste à l'heure où il répand l'eau du Jourdain sur la tête de Jésus-Christ. Instinctivement, le spectateur qui se trouve en face de la statue de mademoiselle Adam reconstitue le groupe dont elle est le sujet principal. Peut-être nous est-il permis de reprendre dans cette figure des formes un peu grêles; mais si le modelé, insuffisamment ressenti sur certains points, accuse quelque hésitation, le *Saint Jean-Baptiste* se recommande par un grand caractère d'idéalité, de convenance et de distinction.

M. Lafrance a traité le même sujet que mademoiselle Adam. C'est de longue date que nous avons fait connaissance avec son *Saint Jean*. Le plâtre fut exposé au Salon de 1874. Traduite en bronze, l'œuvre reparut au Salon de 1876. Cette fois, c'est une réplique en marbre que nous avons sous les yeux. M. Lafrance a eu raison de demander au marbre l'expression dernière d'une figurine qui lui valut, il y a quatre ans, une première médaille; la blancheur du paros sied en effet à cet adolescent qui s'élance dans la vie, les bras tendus, avec la fougue et le gracieux entrain de ses dix ans; mais la transparence de la pierre n'a pas fait disparaître la maigreur des chairs. De même, l'artiste eût pu modifier quelque peu le geste des bras que saint Jean tient levés avec une symétrie trop grande. Il est vrai que les défauts de cette figure ne l'empêchent pas d'être très-supérieure au *Saint Jean-Baptiste* de M. Carlo Abate.

Le *Baptême du Christ*, par M. Hugues, est une œuvre composée à Rome dans les ateliers de la villa Médicis. On a peine à croire que, sous le ciel limpide de l'Italie, un pensionnaire de l'Académie de France n'ait pas su rendre une scène religieuse avec plus d'ampleur et de caractère. Les personnages de son bas-relief sont gênés. Une draperie sans goût est jetée sur le Christ; la longueur du torse n'est pas en rapport avec celle des jambes. De plus, certaines parties de cette composition sont en ronde bosse et d'autres en bas-relief. M. Hugues ne pouvait-il placer saint Jean-Baptiste à la droite du spectateur, au lieu de le placer à gauche? Cette disposition lui eût permis de faire passer sur le fond du bas-relief, sans en accentuer le méplat, le bras du Précurseur qui répand l'eau sur la tête du Christ, et la scène y eût gagné une tranquillité qu'elle n'a pas. L'ombre et la lumière crépitent, alors que le *Baptême du Christ* exigerait une atmosphère lumineuse, sans oppositions bruyantes.

Madame Nicolet a traduit en pierre sa statue de *Saint Georges,* exposée au dernier Salon. Nous regrettons qu'elle n'ait pas atténué l'importance du dragon blessé qu'elle a représenté aux pieds du prince de Cappadoce victorieux et rendant grâces au ciel.

Saint Vincent de Paul recueillant les enfants abandonnés, par M. Belouin, est une composition dans laquelle le sculpteur a fait preuve de goût. Le type traditionnel de « Monsieur Vincent », ainsi que l'appelle Abelly, a été habilement rendu par le statuaire. Les pommettes, trop saillantes sur les portraits de l'époque, sont légèrement passées dans la statue de M. Belouin, et la tête de son héros y gagne en élégance, sans que la personnalité du fondateur des Enfants trouvés ait rien perdu de son caractère et de sa précision. Le costume est convenablement traité.

Une œuvre écrite avec énergie, c'est le *Saint Laurent,* de M. Mathieu-Meusnier. Étendu sur le gril, le martyr est enchaîné. Les membres contractés et roidis, les poings fermés expriment la torture qui l'obsède. Une larme vient perler sous sa paupière, mais le regard n'est pas troublé; l'expression du visage est faite de sérénité, de lumière et de foi. L'acceptation du supplice est gravée sur les traits du diacre. Le corps est jeune, puissant et de grandes proportions. Nous ne ferons qu'une remarque en présence de cette page modelée : nous voudrions que la tête du martyr fût plus aisément visible. Rejetée en arrière, ainsi que l'a posée le sculpteur, elle apparaît en raccourci, et le monument de M. Mathieu-Meusnier, d'ailleurs si remarquable, est ainsi privé d'un point dominant qui appelle le regard.

Signalons une statuette en marbre de M. Moreau-Vauthier, représentant *Sainte Geneviève.* C'est une œuvre sagement traitée, dont on ne peut qu'approuver le style.

Sans aucun doute, M. Frémiet, qui est un érudit, a négligé de lire l'*Histoire ecclésiastique des Francs* avant d'entreprendre sa statue de *Saint Grégoire de Tours*. Les tableaux naïfs, les scènes gracieuses et simples dont le narrateur a parsemé son ouvrage, font aimer l'esprit de cet annaliste, malgré les incorrections de son style. Il n'en sera pas de même de la figure colossale que M. Frémiet a sculptée pour le Panthéon. L'image de saint Grégoire, bizarrement composée, est lourde, étrange, heurtée, demi-barbare. La tête, fortement penchée en avant, le costume épiscopal aux plis sans nombre, la crosse, le livre énorme que porte le saint, tout concourt à rendre pesante une figure historique qu'on voudrait distinguée, sévère et en harmonie avec la tranquillité du temple où elle va prendre place.

Nous blâmerons également les tendances pittoresques de M. Jouneau dans sa *Martyre chrétienne.* La statue de

Sainte Marie-Madeleine à la Sainte-Baume, par M. Cougny, est bien drapée; l'attitude générale, le caractère du visage sont dignes d'éloges; mais pourquoi M. Cougny a-t-il placé dans les bras de la pénitente une croix aux proportions excessives? Nous remarquons aussi un effacement de la hanche que la nature ne donne pas, étant admise la pose que le sculpteur a choisie. Nous ne pouvons pas dire si la *Marie-Madeleine* de M. Itasse présente quelque mérite; elle a le tort, à nos yeux, de ne pas être une figure religieuse. L'artiste n'a su modeler qu'une naïade aux longs cheveux, qu'il a mollement déposée sur le rocher : on ne traite pas à si bon compte un sujet chrétien.

Le *Jérémie* de M. Guibé manque de résolution dans le geste. Nous lui préférons le *Moïse* de M. Champigneulle. Cette figure éveille l'idée de commandement; un geste d'empire, ferme et contenu, la distingue; mais les former correctes du *Moïse* sont un peu froides.

La Bible a plus d'une fois inspiré M. Becquet. Notre lecteur se souvient de la figure d'*Ismaël*, l'une des œuvres les plus achevées du Salon de 1877. M. Becquet, sous le titre : *Joseph arrive en Égypte,* expose la statue assise d'un jeune homme aux formes pures, le front couvert d'une coiffure égyptienne et un roseau dans les mains. Si nous observons cette statue sous le rapport de l'exécution, nous y retrouverons l'habileté du sculpteur à traduire un type délicat de la beauté virile, et nous ne craignons pas d'encourager M. Becquet à se maintenir dans une gamme où il lui est permis d'aspirer à une renommée certaine. Mais l'idée, cette fois, ne se dégage pas sans peine de l'œuvre plastique. *Joseph,* posé sur son siége avec quelque roideur, attire le regard sans le retenir. M. Becquet a senti lui-même ce que sa composition renferme d'incertain, de confus, et le livret nous informe que le fils de Jacob, « dans sa douleur, pressent ses hautes destinées ». Ce n'est pas le livret, mais la statue, qui doit révéler ce que pense le sculpteur, et nous doutons que l'idée complexe à laquelle s'est arrêté M. Becquet soit de nature à être clairement exprimée par la glaise.

Salomé, par M. Janson, est une figure dansante dont il faut louer le naturel, l'élégance, la grâce et la légèreté.

Le groupe de M. Lemaire, *Samson trahi par Dalila,* méritait la distinction dont l'a honoré le jury. Le prix du Salon sera la juste récompense des qualités sérieuses que renferme l'ouvrage de M. Lemaire. Dalila est assise, et la tête de Samson, qui s'est endormi, repose sur les genoux de sa maîtresse. Celle-ci prend les cheveux du géant et les coupe. La sécurité de Samson, l'inquiétude de Dalila, étonnée elle-même de son audace, sont écrites avec goût dans les traits du visage, le mouvement, la pose des bras. Certains détails de la composition attirent l'attention du spectateur : tels sont les pieds de Dalila, au galbe délicat et robuste tout à la fois.

La statue de M. Guglielmo, représentant *Abel mort,* n'est pas sans mérite; il est regrettable que le bras droit rompe l'harmonie linéaire qui caractérise par ailleurs cette image apaisée. Le *Paradis perdu,* de M. Gautherin, est supérieur aux œuvres précédemment exposées par cet artiste. Ève, représentée dans une attitude qui exprime la frayeur et la honte, renferme des détails charmants. Les formes de la jeune femme sont d'un dessin très-pur; nous pensons toutefois que la figure est un peu grande. Mais de quelque côté qu'on l'analyse, Ève présente d'heureux profils. Adam, plus maître de lui, mesure avec calme l'immensité de la faute qui va le chasser de l'Éden, et s'il n'a pas tout le naturel qu'on aime à reconnaître dans l'image de sa compagne, il lui fait équilibre avec justesse.

C'est encore le souvenir du Paradis perdu qui a inspiré M. Vaudescal dans sa composition, *la Réflexion après le péché;* mais sa statue manque de vigueur. Ève n'a pas de remords, elle sommeille. M. Alfred Boucher est évidemment un élève de M. Paul Dubois. *Ève après sa faute* en porte le témoignage; mais hâtons-nous de constater que l'élève n'a pas atteint aux qualités du maître. Quelques traits de ressemblance dans le modelé sont les seuls points de contact entre M. Boucher et M. Paul Dubois.

Saint Marc, par M. Deloye, est une œuvre de peintre. Il semble que le statuaire ait modelé son groupe devant le *Naufrage de la Méduse.* Géricault n'est pas plus romantique que M. Deloye.

Nous n'avons que des éloges à décerner à mademoiselle Giovanna Dubray pour sa statue : *In hoc signo vinces.* L'ange qui tient haut et ferme dans la lumière la croix du Sauveur est d'un style franc.

C'est un groupe exquis que celui de M. Tournier, représentant la Vierge et l'Enfant Jésus, et dans lequel l'artiste a développé la pensée : *Venez à moi par ma Mère.* Le marbre de ce travail est gracieux sans mollesse; l'œuvre est éloquente. Une grande suavité domine dans le bas-relief de M. Viennet, *la Présentation.* La Vierge est drapée avec talent, et les contours de cette figure ont un caractère d'idéalité. Les saillies et les dépressions, étudiées dans leur ensemble, offrent une gradation d'un heureux effet.

Voulant respecter le type traditionnel, M. Cabuchet a teinté diverses parties de son marbre de *Notre-Dame de Lourdes*. Il s'est d'ailleurs acquitté de cette tentative, qui rappelle la sculpture chryséléphantine, avec une réserve dont il faut le louer. Ses couleurs sont plutôt indiquées que vues, et, n'était la couronne de métal placée sur la tête de sa Vierge, nous aimerions à proclamer la tranquille beauté de cette figure bien digne de décorer un sanctuaire. Nous adresserons les mêmes éloges à M. Leharivel-Durocher pour sa statue de *Sainte Théodechilde*.

M. Escoula expose un fragment de *Christ en croix*. Nous ne comprenons guère le motif de pareilles mutilations. La poitrine, fortement bombée, suppose la tête rejetée en arrière, et l'artiste qui nous occupe a incliné le front du Christ! M. Escoula fera bien de consulter la nature. Pour être plus habile, M. Injalbert n'a pas fait preuve de plus de goût que M. Escoula. Son *Christ* manque de jeunesse et de dignité. Les genoux pliés appellent un effet d'ombre excessif sur la partie inférieure de la composition. La tête, impassible et commune, enlève toute grandeur au drame du Calvaire. Il faut blâmer également la statue de M. Ding, *Jésus*. Rien de lumineux ne se dégage du front vieilli et déprimé que M. Ding a trop péniblement modelé.

En retour, le *Christ* en bronze de M. Montagny est une œuvre de choix où la nature et l'idéal se confondent dans une sage proportion. Seules les mains ne sont pas exemptes de reproche au point de vue du mouvement. Nous aimerions aussi que les plis de la draperie fussent plus abondants; mais, malgré ces taches légères, la figure sculpturale du Christ attire le regard et retient la pensée. Le calme divin de cette image aux formes impersonnelles ne troublera pas le silence religieux du temple. L'œuvre de M. Montagny porte à la prière.

Voici, pour finir notre étude sur la sculpture religieuse, le *Christ au tombeau,* de M. Leofanti. On dirait une page inspirée par Orcagna. Le statuaire a su rendre avec un sentiment très-fin la scène attristée de l'Ensevelissement, mais en même temps il avait soin d'assouplir sa glaise en dispersant sur chaque point d'un corps sans lacunes les accents d'une vie intérieure, surhumaine, et sa statue, si bien posée dans son attitude d'affaissement, sans rappeler l'ascétisme des figures émaciées des maîtres du moyen âge, est l'œuvre d'un ciseau croyant.

VII

M. Étex : *Berryer.* — M. Loison : *Berryer.* — M. Blanchard : *Mgr l'Évêque d'Orléans.* — M. Falguière : *S. Em. le cardinal de Bonnechose.* — M. Maniglier : *Guigniaut.* — M. Cambos : *M. Ruprich Robert.* — Mademoiselle Sarah Bernhardt : *M. Emile de Girardin.* — Madame veuve Halévy : *Sainte-Nitouche.* — Madame Millin de Grandmaison : *Portrait de madame de G***.* — M. Marquet de Vasselot : *Rose Anaïs, la mère des sauveteurs.* — M. Sollier : *Portrait de madame G. T***.* — M. Ruffier : *Viala.* — M. Maindron : *Saint-Marc Girardin.* — M. Cordier : *Christophe Colomb.* — M. Robert David : *David d'Angers.* — M. Mombur : *Portrait de M. C***.* — M. Oudiné : *Portrait de l'auteur.* — M. Allar : *Madame la marquise D***.* — M. Louis-Noël : *Portrait du docteur Potain.*

Le buste de *Berryer* a été sculpté par M. Étex et par M. Loison. C'est un masque hésitant que M. Étex a prêté au grand orateur. M. Loison, au contraire, a doté son modèle d'un front puissant et résolu. La pose est aisée. Seule la poitrine ramassée laisse à désirer : plus développée, elle eût éveillé l'idée de la force particulière qui rappelle l'homme de la tribune.

Le vêtement ouvert, la tête droite, *Mgr l'Évêque d'Orléans,* sous l'ébauchoir de M. Blanchard, a gardé l'attitude naturelle et digne, mélange de noblesse et de bonté qui distingue le prélat. Le front est en pleine lumière; les lèvres fines et calmes répandent sur la physionomie tout entière un cachet d'élégance et de mansuétude, d'où la force n'est pas absente. Pourquoi l'artiste a-t-il embarrassé le regard avec des sourcils tombants, interprétés dans un sentiment réaliste? M. Blanchard n'a pas vu comme nous son modèle à l'Assemblée nationale, le 29 mai 1872, lorsque, parlant sur la loi militaire, il s'écriait: « Quand il est question de la grandeur d'une nation, il m'est impossible de compter pour rien l'esprit, le cœur, l'âme, le caractère, la bonté, la délicatesse, la générosité, le désintéressement; voilà ce qui fait les premières nations du monde. » Lorsque Mgr Dupanloup prononça ces paroles, il avait le regard enflammé, pénétrant, limpide, convaincu. Que M. Blanchard ne craigne pas de retoucher son œuvre, et le portrait reconnaissable, mais sans élévation, de l'évêque d'Orléans, se transformera sous ses doigts en un buste vivant et sévère. L'attitude est bien celle qui convient à l'athlète, à l'homme de combat; mais l'âme ne vibre pas dans cette page modelée.

S. Ém. le cardinal de Bonnechose, archevêque de Rouen, a reçu des mains de M. Falguière un buste en marbre où nous ne trouvons rien à reprendre. L'allure solennelle du personnage, les grandes proportions de l'œuvre, sont habilement tempérées par un accent de douceur gravé sur les joues et dans le pli de la bouche. Le buste de *Guigniaut,* par M. Maniglier, est un portrait fidèle de l'érudit auquel la France est en partie redevable de l'École d'Athènes. Il convient de louer le marbre de M. Cambos, représentant *M. Ruprich-Robert :* c'est une œuve élégante, dont le style porte le témoignage d'un vrai talent.

M. Émile de Girardin, modelé par mademoiselle Sarah Bernhardt, rappelle le masque de Talma, et en parlant de la sorte nous n'exagérons rien : c'est un masque et non pas un buste que mademoiselle Bernhardt a dédié cette année au célèbre journaliste. Madame Halévy, dans le buste allégorique qu'elle intitule *Sainte-Nitouche*, a su écrire sur le marbre, d'une main légère, la réserve affectée, voisine de la ruse. Le *Portrait de madame de G...*, par madame Millin de Grandmaison, est l'un des plus remarquables du Salon. Les dessous de chair convenablement indiqués, la morbidesse de l'épiderme, le sourire des lèvres,

> Et la grâce, plus belle encor que la beauté,

constituent l'excellence de ce portrait.

Nous ne signalerons que pour le blâmer le buste à mi-corps de *Rose-Anaïs, la mère des sauveteurs*, par M. Marquet de Vasselot, teinté avec un réalisme d'un goût douteux. Le *Portrait de madame G. T.*, muni de bras, par M. Sollier; celui de *Viala*, par M. Ruffier, sont des statues ébauchées, non des bustes.

Saint-Marc Girardin, par M. Maindron, manque de proportions. Le *Christophe Colomb* de M. Cordier est un buste de dimensions colossales que l'auteur a traité comme une maquette : l'os frontal n'est pas sensible sous la forme arrondie de la tête, et le nez est mal attaché. Nous regrettons ces fautes, qui déparent un travail vigoureux et sobre dans la partie inférieure du visage. Nous pourrions appliquer la même critique au buste de *David d'Angers*, par son fils: le front n'est pas suffisamment écrit, et le côté gauche de la tête est fuyant. La joue droite, mieux soutenue, a beaucoup de vérité. Observé du côté droit, le portrait est ressemblant. Nous ne doutons pas que M. David fils ne s'efforce de faire irréprochable l'image de son père, destinée aux galeries de Versailles.

Un buste bien composé, c'est le *Portrait de M. C...*, par M. Mombur; les effets d'ombre et de lumière ont été savamment prévus par l'artiste. *M. Oudiné,* par lui-même, est un bronze qui a toute la valeur d'une autobiographie. *Madame la marquise D...*, par M. Allar, est une tête vivante dont le grand caractère attire et captive le regard. L'ébauchoir de M. Allar a des délicatesses de touche qui révèlent toujours l'homme de goût. En terminant, n'oublions pas le *Portrait du docteur Potain*, par M. Louis-Noël. L'arcade sourcilière développée, les tempes fermes, le front tenace, attestent que le statuaire s'est préoccupé de faire luire une pensée sur le visage du savant. Le respect de la vérité iconique a évidemment gêné M. Louis-Noël dans l'interprétation du nez et des lèvres, qui n'avaient rien de sculptural; mais il a triomphé de l'obstacle avec beaucoup d'art, et le bronze qu'il expose a droit à l'éloge.

TABLE DES AUTEURS

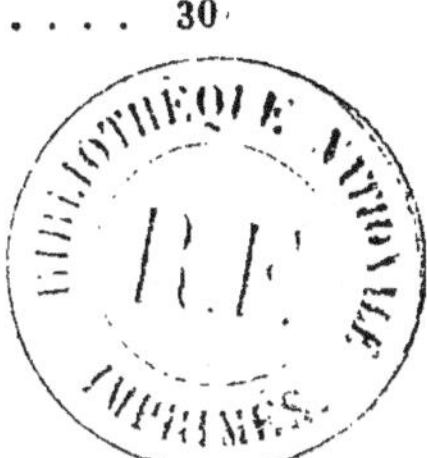

PARIS. TYPOGRAPHIE DE E. PLON ET Cie, RUE GARANCIÈRE, 8.

96

BIBLIOTHEQUE NATIONALE DE FRANCE
3 7531 00263108 4

www.ingramcontent.com/pod-product-compliance
Lightning Source LLC
LaVergne TN
LVHW010617110826
845149LV00003B/945

* 9 7 8 2 0 1 9 6 2 0 2 9 5 *